現代佛學叢書

天台性具思想

傅偉勳・楊惠南主編／

陳英善 著

東大圖書公司

國家圖書館出版品預行編目資料

天台性具思想／陳英善著 .--初版 .--
臺北市：東大發行：三民總經銷，
民86
面； 公分 .--（現代佛學叢書）
ISBN 957-19-2122-X（精裝）
ISBN 957-19-2123-8 （平裝）

1.天台宗-宗義

226.41   86007465

國際網路位址 http://sanmin.com.tw

© 天 台 性 具 思 想

著作人　陳英善
發行人　劉仲文
著作財
產權人　東大圖書股份有限公司
　　　　臺北市復興北路三八六號
發行所　東大圖書股份有限公司
　　　　地　址／臺北市復興北路三八六號
　　　　電　話／五○○六六○○
　　　　郵　撥／○一○七一七五──○號
印刷所　東大圖書股份有限公司
總經銷　三民書局股份有限公司
門市部　復北店／臺北市復興北路三八六號
　　　　重南店／臺北市重慶南路一段六十一號
初　版　中華民國八十六年八月
編　號　E 22048
基本定價　肆　元
行政院新聞局登記證局版臺業字第○一九七號

ISBN 957-19-2123-8 (平裝)

《現代佛學叢書》總序

本叢書因東大圖書公司董事長劉振強先生授意，由偉勳與惠南共同主編，負責策劃、邀稿與審訂。我們的籌劃旨趣，是在現代化佛教啟蒙教育的推進、佛教知識的普及化，以及現代化佛學研究水平的逐步提高。本叢書所收各書，可供一般讀者、佛教信徒、大小寺院、佛教研究所，以及各地學術機構與圖書館兼具可讀性與啟蒙性的基本佛學閱讀材料。

本叢書分為兩大類。第一類包括佛經入門、佛教常識、現代佛教、古今重要佛教人物等項，乃係專為一般讀者與佛教信徒設計的普及性啟蒙用書，內容力求平易而有風趣，並以淺顯通順的現代白話文體表達。第二類較具學術性分量，除一般讀者之外亦可提供各地學術機構或佛教研究所適宜有益的現代式佛學教材。計畫中的第二類用書，包括(1) 經論研究或現代譯注，(2) 專題、專論、專科研究，(3) 佛教語文研究，(4) 歷史研究，(5) 外國佛學名著譯介，(6) 外國佛學研究論著評介，(7) 學術會議論文彙編等項，需有長時間逐步進行，配合普及性啟蒙教育的推廣工作。我們衷心盼望，關注現代化佛學研究與中國佛教未來發展的讀者與學者共同支持並協助本叢書的完成。

傅偉勳　楊惠南

自　序

　　近十年來，個人大多致力於天台思想方面之研究，《天台性具思想》之產生，可說延續著拙著《天台緣起中道實相論》而來。基於個人對天台之研究，認為天台原創者——智者的思想，在於「緣起中道實相」，故於民國77～79年間撰寫《天台緣起中道實相論》來表達此思想，而唐宋天台學可說是對此思想之詮釋，此等詮釋使得天台原創者之思想有所轉型，但近代學者們對天台思想的詮釋仍以唐宋天台為其思想之代表，因此，於拙著《天台緣起中道實相論》之第十章〈檢視近代學者所理解的天台學〉中提出反省。對於唐宋天台學這部份一直想作一專題處理，然因擔任研究員專題研究計畫之關係，於民國79～81年撰寫《蕅益智旭思想之研究》，81～83年撰寫《天台智者的禪觀》，83～84年撰《天台智者的戒學》，而《天台性具思想》乃是上述專題研究之外，於82～85年間陸續完稿的，總算將多年之願望暫告一段落。

　　長久以來，深感有關唐宋天台學方面的研究尚少，且其論點大多仍基於宋・山家立場立論，而本書則試圖從山家、山外雙方論點來呈現唐宋天台學之面貌，亦由此來了解天台思想於唐宋時之發展轉變，進而開拓更寬廣的研究空間。

　　原書取名為《天台性具思想之反思》，以作為和《天台緣起

中道實相論》作一對比，但由於編輯部認為書名太長，將後面三字刪除，以配合出版之需求，出版名為《天台性具思想》。

本書之出版，實乃偶然。去年八月中旬，楊惠南教授來電邀撰《天台概論》，但考量尚處於諸家論辯時期之天台學研究，實非撰寫《天台概論》之恰當時機，加上前述種種原因，故將現成之文稿權充，姑且一試，幸蒙採用，本書才得以問世。

陳英善　謹識

一九九七年七月六日

天台性具思想

目　次

導　論

　　唐宋天台學，基本上是從體、理、性等來切入，直接論述理體、心性之特質，即是以「具」為其特色，而形成體具、理具、性具、心具、色具等諸觀念，以「具」凸顯其自宗之特色，尤其以性惡將性具思想發展至極點，以顯示自宗與他宗所不共者，在於性具惡（即性惡），性具九法界，而他宗所言只有性具佛界，不言性具九界，由此而判他宗「即」義不成，是緣理斷九，故非圓教。

　　因此，可以說整個唐宋天台學皆繞著「具」來處理，不論是湛然的思想或山家山外的論爭，乃至淨覺仁岳、神智從義對知禮學說的批判，皆可說不離於「具」，所不同者，在於對「具」的掌握略有不同，然大前提之下，皆是以「具」為主，以「具」作為天台思想之特色，此乃唐宋天台學所共有的特徵。這可以說天台智者的思想，至唐宋時期已轉型，轉向以「具」來論述理體心性。

　　天台智者的思想，是透過空、假、中之辯證張力來掌握理、事、性、心等，由理事的互動來顯示理、顯示事，但唐宋的天台學幾乎不具備此即空即假即中之辯證張力，縱使論及「即空即假即中」，也只是在「具」的模式下來談，而成為空、假、中為理所具，或言理具空假中，而非由空假中之辯證張力以顯理。雖然二者皆在論述「理」，但天台智者是由空

假中之關係顯示理，但唐宋天台學則是直接由「具」來顯理，此顯示了天台智者的思想，至唐宋時有了新的轉向。

此之轉向也導致了其對天台思想把握之紛歧，尤其是宋山家山外之論爭，可說導因於此，根源於「具」所致，山家著重於「事」論具；山外較著重於「理」論具，由於彼此著重點之不同，導致了其爭論。雖然彼此皆有所據，但也都各有所偏，無法充分完整地表達天台思想。此也反映了喪失理事空假中辯證張力的前提之下，不是偏理就是偏事，各憑本事，各依所須引經論作為佐證。在此情況之下，吾人很難說孰是孰非（因為天台智者非常重視事，也非常重視理，即事而理，即理而事，理事乃一體之兩面不可分割也，而唐宋天台學於理事，往往呈現出分割對立之局面），但整體而論，其對天台思想之詮釋總有所欠缺，而此欠缺乃是來自於將天台思想轉向「具」的思想之所致。

然天台思想何以會往「具」來發展呢？這是值得深思的問題。大體而言，天台思想之理論建構，在智者時，已臻於極致，後人難以超之，所以在章安灌頂後的天台學，也僅是守成而已，難有所開發，此時期被學者們將之稱為黑暗期。處於盛唐時期的荊溪湛然，面對各家各宗的蓬勃發展，於天台學力圖有所振興，自然而然吸收他宗之理論來開展自家學說，尤其華嚴思想中的一法遍一切攝一切的無盡法界緣起道理激發了湛然以「具」來彰顯天台思想，將其與天台智者《摩訶止觀》的一念三千結合，而成為理具三千、心具三千之理論學說。加以中國佛教歷經南北朝六家七宗、三論宗、攝論宗、地論宗、俱舍宗、……等理論的開拓，至天台智者時將

此百家爭鳴的立論作一總匯集，提出其頗具前瞻性又能匯通諸立說的「即空即假即中」之緣起中道實相思想。使得南北朝時諸紛爭的立論學說，在「即空即假即中」的前提下，現出原形，讓諸學說了解其立論之所在，而消弭以己為是他人為非之偏執。換言之，在「即空即假即中」的洞徹之下，諸偏執無所遁形。此即空即假即中之實相論為往後中國佛教奠基了深厚基礎，使得中國佛教於唐時綻放光彩。經由智者對諸立論的總匯集及批判，加上唐時華嚴宗以無盡法界緣起將緣起之理論發展至極，有關「理」的論述可說達於極峰。因此，盛唐以來的佛教，漸走向「理」、「體」、「性」之趨勢。湛然可說在此氛圍之下，吸收他宗的理論學說和天台一念三千思想結合，將天台思想轉向理具之局面，著重以「具」來開顯理，亦以「具」來論述理，強調「具」為自宗之特色，以作為和他宗之抗衡。

　　因此，可看出盛唐時天台思想的轉向，實乃是大環境所使然，湛然處於此氛圍中，自然而然重視「理」及強調「具」，以「具」來把握理、詮釋理。故湛然特別推崇智者《摩訶止觀》的「一念三千」乃是「終窮究竟極說」，因為「一念三千」剛好可以作為其理具思想之基礎，以此來開拓理具三千、心具三千等之學說，亦以此作為天台教理之所詮和觀行之指引。將此理具三千、心具三千充分運用在教理觀行上，此可舉〈十不二門〉為代表，此文雖是一短文，卻是相當精簡扼要，攬括了天台三大部（《法華玄義》、《法華文句》、《摩訶止觀》）等內容，亦將教理與觀行相互結合，成為一部相當重要之論著，對往後天台學之影響扮演著舉足輕重之角色，無怪乎宋

代天台宗諸大師大德們，紛紛為此部作注疏。但也因為此論著過於精簡，加上在理具心具的前提之下，也引發了諸多不同之紛爭。

本書雖由諸篇論文集成的，但基本上是在整體的架構下來進行，整個核心集中在性具思想來論述。為顯唐宋天台思想之轉向，故先於第一章〈荊溪湛然理具思想之探討〉，勾勒出理具思想之建構的形成背景，及理具思想之依據所在、理具思想的主要內涵，最後再舉湛然《金剛錍》來顯示其對理具思想之運用。經由對湛然理具思想之探討，讓吾人對理具性具心具思想有一初步之了解。

於第二章〈從湛然〈十不二門〉論天台思想之發展演變〉，由第一章中，吾人已得知理具思想之建構及其內涵，於第二章則以湛然的〈十不二門〉為主軸，來論述其對往後天台學之影響，一方面讓吾人更進一步地了解湛然的理具思想；另方面則從宋代天台宗大師紛紛為此著作注疏來了解天台思想之發展演變。同樣皆在注疏〈十不二門〉，而為何有如此諸多之紛歧？尤其對理具心具的把握更呈現出對立之局面，有關心究竟為理或為事，宋代天台宗諸師的看法各有所不同，此也明顯地襯托出山家山外立論不同之所在。若進而思索之，〈十不二門〉乃湛然於《法華玄義釋籤》中，對智者《法華玄義》跡門十妙（實亦包括了本門十妙，乃至攬括天台三大部等教觀內容）所作的整體性之論述，所以此〈十不二門〉實關連著天台智者之教觀、湛然及宋代天台學，若由此論著著手，的確可以讓吾人對整個天台學之發展演變有一完整性之了解，尤其難能可貴的是，山外派諸師的論著大多沒有保

存下來，而源清、宗翌對〈十不二門〉的注疏提供了吾人對山外思想有較完整之了解。因此，透過對〈十不二門〉之探討，的確有助吾人對唐宋天台思想之了解。

於第三章〈從觀心評天台山家山外之論爭〉，此章與第二章有密切之關係，沿著第二章所探討的山家山外立論之不同，於此章中則針對「觀心」來作探討。山家山外的論爭核心，可說對「心」的看法之不同所引發，雖然導火線起源於對《金光明經玄義》有無「觀心釋」之廣略本的爭執，然關鍵仍然在於「觀心」一問題上，此可從知禮花了許多篇幅（如《觀心二百問》、《十義書》等）來質疑及批評山外諸師可得知，尤其從山家山外對〈十不二門〉的不同注疏立論中，吾人更可以窺知此端倪。在此章中，皆分別介紹了山家山外彼此的基本立場，論述其對心、觀心之不同看法，及其理論依據之所在。最後，對山家山外論爭作一評析。

於第四章〈孤山智圓的理具唯心思想及其對知禮之反批〉，此章可說承繼於第三章而來，在第三章中雖然對山家山外之論辯作一概括性論述，但並未對其彼此之回應作進一步探索，而孤山智圓(976～1022)約與知禮(960～1028)同時代之人物，知禮代表山家派，一人單挑和山外派諸師論辯，孤山智圓則屬山外派，在其之前的山外派諸師其論著較少留傳下來，而孤山智圓諸論著較多被保存下來，所以透過孤山智圓，有助吾人對山外思想的進一步了解。而且在其之前的山外派諸師，大多處在被知禮批評的局面，吾人很難看到山外對知禮的批評有什麼回應，藉由智圓對知禮的反批中，至少可更接近山外派的立論及對知禮批評中所存在諸問題的反省。

於第五章〈四明知禮「具」思想之探討〉, 前面諸章中雖亦處理到知禮的思想，但只是零星式的論及，此章則以較完整性來呈現知禮的理論學說。知禮終其一生都在為法而作努力，所以其諸論著中大多涉及與他人之論辯，為釐清問題而著作，早先則是以其一人之智能對抗山外諸師（後來雖有其弟子仁岳輔助，但主要仍是知禮一人為主）, 晚年則因愛徒仁岳的背離，而不得不於風燭殘年為法辯護，和仁岳交鋒論戰。不論其對山外的批評或和其愛徒仁岳的論戰，皆顯示了知禮思想本身有其相當特殊之處。本書原先並沒有預計處理知禮的思想，其原因乃在於近代學者對知禮所作的研究已不少，無須再花篇幅來處理，但在撰述後兩章〈淨覺仁岳對知禮的「背判」〉〈神智從義對「具」的反思〉時，總覺得不將知禮思想一併處理則無法作交代，無法呈現本書整體的結構，無法連結山家後代子孫何以對知禮展開嚴厲之批判，加上近代對知禮的研究雖不少，但仍然缺乏對知禮思想作一較完整性之處理。基於以上之種種理由，因而於本書中特安排了此一章來介紹知禮的思想。在知禮的思想中，吾人可以很明顯地得知其對「具」相當地強調，其諸論著無不圍繞著「具」來處理，在與山外的論爭中，批評山外並未把握到「具」；而其後來的徒、孫（仁岳、從義）對知禮的批判，可說亦離不開「具」。究竟「具」之魅力有多大？在知禮的思想中已表露無遺，知禮以「具」為其思想之核心，以具明「即」義，以具論諸法相攝，以具談自行、化他，尤其以性惡將「具」之思想推至極點，以此作為自宗之特色和作為與他宗分判之所在，認為他宗不談「具」(性具惡)，所以非圓。除此之外，

知禮在「具」的前提之下，將理毒解釋成性惡，以對抗孤山智圓對理毒的解釋，而知禮此之解釋，亦遭到其法孫從義之駁斥。另外，也因為「具」之關係，視法身寂光土為有相，而此立論導致其愛徒仁岳的背離及對其之批判。更值得注意的是，知禮所提出的「別理隨緣」之理論，其花了不少篇幅來論證別理何以能隨緣，而其目的在於撇清其自宗與他宗隨緣義之不同，以凸顯自宗是由「具」論隨緣。換言之，仍在「具」為前提之下，而論別理隨緣與圓教之不同。

於第六章〈淨覺仁岳對其師知禮之「背判」〉，此章主要由仁岳與其師知禮三部曲 —— 親近知禮、背離知禮、批判知禮 —— 之關係，來探討仁岳對知禮「具」之反省。由於知禮對「具」一味的強調，勢必演變成以「具」為理體，而不知「具」乃俗諦所立之法，其基礎在於空中理體而非在「具」，況且「具」是別圓教所共有的，他宗雖未委示理具善惡，但同樣論及法性圓融具德，仁岳以此顯示「具」非天台所獨有，且「具」只是俗諦所立之法，若忽略了對空中理體的把握，一味地只談「具」，恐墮於外道法中。因此，仁岳由親近知禮、輔助知禮對抗山外諸師，轉向背離知禮，進而對知禮的學說展開批判，此之轉變，關鍵在於「具」，仁岳對知禮的背判，剛開始時，是由於知禮的法身有相說而引發，而實際上是對「具」的批判，因為法身有相說之根源在於「具」，只是並未如此明顯地表達出來，至仁岳的〈三千書〉中，則是全面性地對「具」展開批判。因此，本章在第三部份「批判知禮」中，分成局部性的批判與全面性之批判兩方面來論述，局部性之批判比較著重於仁岳對知禮之諫諍上，尤其是有關應身

與尊特身的差別上；到知禮圓寂後，仁岳所撰的〈三千書〉，可說全面性對知禮的「具」提出嚴厲之批判，仁岳認為「具」乃是三諦之假諦，是心性所具俗諦之法，不可與空中實相混同，而批判知禮視實相須存三千及以三千為本。仁岳之主張及其對知禮的批判，亦影響到知禮第四代法孫神智從義對「具」的反省。

於第七章〈神智從義對「具」的反思〉中，主要就三方面來論述：首先探討從義的理論基礎之所在，以便了解從義如何來對「具」加以反思，得知從義基本上是以空中理體作為其理論基礎；接著，進一步來探討從義如何來論證空中理體，以作為其理論基礎之依據；最後，則探討從義對知禮「具」的批判（此亦包括山家學者）， 如對定執心具評之為外道之見，亦批評三諦各具三諦之說，且批評將理毒與性惡混同。諸如此類，皆成為從義批判的對象。但整體而言，乃是對山家「具」之批判。從義除了批判自宗之外，亦對他宗（禪宗、華嚴宗、慈恩宗等）展開強烈的批評，然而為了扣緊本書之主題──唐宋天台性具思想，故本文未對此議題加以論述。

從整體來看，天台思想至唐宋時，已轉向於理體心性來發展，湛然所強調的理具心具，即是一明顯例子，「具」可說是理體心性下的產物，也因為此轉向，導致宋代山家山外對天台思想把握上之紛歧，而引發了一連串之論爭。亦可說在理體心性說的趨勢下，知禮為了維護自宗凸顯自宗之特色，特別強調「具」與他宗之不同，以「具」來開顯諸法當處即是之道理，此對「具」的強調，導致其學說似乎只有「具」，以「具」為本，而忽視了空中理體，此引發了仁岳對知禮的

批判，亦遭到其徒孫從義的批判。此在在顯示在理體心性的潮流之下，一味只強調「具」可能存在的諸多問題；同樣地，若只順著理體心性來立論，似乎又無法顯示自宗，甚至可能蒙蔽了自宗。由此可看出知禮之兩難，一方面為凸顯自宗之特色，另方面又想與理體心性說劃清界線，如此一來，故只能一味的往「具」來凸顯。在知禮的兩難之下，同時吾人也可以看出，知禮至少自覺到天台自宗的理論不在於理體心性說上，故使得其一味想以「具」來凸顯自宗之特質，以顯示自宗與理體心性說之不同，然而，知禮並沒有自覺到「具」乃理體心性說下的產物，所以，一味的想以「具」來彰顯自宗而又不談理體心性，此「具」難免墮入外道法中，此使得其高徒仁岳及法孫從義不得不對「具」加以痛擊。但不論知禮以「具」來凸顯自宗所作的努力，或仁岳和從義對「具」所作的批判，在在顯示天台思想於唐宋以來所存在的問題。

本書何以取名為《天台性具思想之反思》？此中之反思是具有四層意義的。從湛然的理具思想為開端，此引發了山家山外對天台思想之爭論，此之論爭反映了對性具思想之反思，此為第一層之反思，本書前四章可為代表。至知禮時，則過度地對於「具」的強調，此引發了其徒孫對「具」的批判，且是極強烈批判知禮的「具」，尤其同是為山家人的情況下，來批判其典範，更顯示了對性具思想之反思，此為第二層之反思，本書第五章至第七章可為代表。第三層意義，則是作者本身對唐宋性具思想之反思，基於作者個人對於天台智者思想的研究（參見拙著《天台緣起中道實相論》），認為天台思想在於緣起中道實相，而此實相理體乃是基於空假中之辯

證張力所顯示的，但唐宋的天台學並非由此來掌握實相理體，而是以「具」來顯示理體，而發展成性具惡為天台思想之代表。此已將智者由辯證張力所彰顯的實相理體，轉向為理具性具，由「具」明理。此之轉向，有其內外在因素，外在因素在其大環境所使然；內在因素，可能智者思想已臻於成熟，而後代乃將之拿來運用上，著重在理所具之特色上來開顯，以此作為教理觀行之指引，及和他宗之抗衡。所以「一念三千」成了唐宋理具性具思想之論述焦點，此是一相當有趣的問題。第四層意義，乃是對近代學者以「性具」、「性惡」等來詮釋天台學之反思（參見拙著《天台緣起中道實相論》第十章〈檢視近代學者所理解的天台學〉）。有關前述第四層對學者論點之反思，乃拙著《天台緣起中道實相論》初版一、二刷時之所為。但楊惠南教授1996年於《佛學研究中心學報》（第一期）發表〈從「法性即無明」到「性惡」〉對拙著加以評論，對此，筆者已撰〈評從「法性即無明」到「性惡」〉，並將發表於《佛學研究中心學報》（第二期，1997）。此事於拙著〈三刷後記〉已提及之（一、二刷原由東初出版，三刷改由法鼓文化出版，頁525）。

第一章 荊溪湛然理具思想之探討

前 言

在七世紀，法相、華嚴、禪宗等相繼而興，曾於六世紀際已建構完整理論體系之天台智者思想，於此時期反不見有什麼動向，依歷史資料之記載，章安灌頂圓寂後，歷經智威、慧威、玄朗等人，天台思想已趨於衰微，此時期之天台思想被稱為天台宗的第一期黑暗時期❶，此稱法基本上是不恰當

---

❶ 如安藤俊雄所持之看法，認為自天台二祖灌頂歿後至第五祖左溪玄朗時代，稱為天台宗的第一黑暗時代（參見《天台學——根本思想とその展開》，頁300）。而安藤俊雄所持之理由有三：㈠因天台山距離政治文化中心的長安過遠；㈡智者大師過於接近陰謀家隋煬帝；㈢同時禪宗盛行提倡簡明、率直的禪法，排斥煩瑣義論的教學，致使天台思想失去佛教徒的關心（同上）。

對於安藤俊雄所持上述三點理由，依筆者對天台思想研究之理解，上述三點理由都無法站住腳，如就第一點理由而言，天台山偏離文化中心而影響天台教義之發展，反觀禪宗亦盛行於南方，何不受此地勢之限制？就第二點理由而言，若是因為智者過份接近隋煬帝而令人看不順眼，反觀唐時的法藏、玄奘等人與宮廷間亦有著密切之往來，何不受此影響？就第三點理由而言，教義之煩瑣，法相宗恐比天台思想有過之，何以能興盛？因此，依筆者個人的看法，乃因天台思想體系已發展至成熟，達於頂峰，後人很難加以超越之。因

的❷。至第八世紀，湛然力圖發揚天台思想，與其他宗派相抗衡，有意無意地吸收了當時諸宗派理論學說，或受當時思想之影響，反使天台思想走向另種風貌，尤其湛然所強調理具唯心思想，更是埋下了宋代山家山外論爭之種子，而近代學者以性具性惡來理解天台思想，以此作為天台思想之核心❸，可言皆就唐宋湛然知禮等人思想而來，而非就天台智者緣起中道實相來理解天台思想。因此，筆者於三年前撰寫了《天台緣起中道實相論》一書❹，用意在於將天台思想回歸天台智者，以釐清天台思想在於緣起中道實相論，而非在性具性惡。性具性惡之思想，基本上是來自於湛然知禮他們之思想，而近代學者所依據是就湛然知禮之思想來理解天台智者思想。《天台緣起中道實相論》一書整個所論述的是天台智者的思想，以此建立天台思想理論學說，成為一獨立單元。對於湛然和知禮的性具性惡思想，筆者並未以篇幅處理。為了釐清唐宋以來之天台學已非智者思想，而有本書之作，於第一章中，就湛然理具思想來加以論述。

有關湛然之理具思想，本文主要分為三方面來論述：首

為如此，故天台的理論學說，為其他宗派所吸收，而影響其他宗派或為其他宗派奠下基礎，若就此而言，亦不能將天台思想於此時期稱之為黑暗時期。

❷ 參❶。

❸ 如牟宗三、印順法師、安藤俊雄等人，皆環繞著理具性具性惡諸觀念來理解天台思想（此可參見拙著《天台緣起中道實相論》第十章〈檢視近代學者所理解天台學〉一文）。

❹ 拙著《天台緣起中道實相論》，本書之立論在於回歸天台智者，認為天台思想應就其原創者天台智者而論，而天台智者的思想學說在於緣起中道實相論，而非在性具性惡。

先，論述湛然理具思想之建構，包括時代背景之分析，以及理具思想之形成。第二部份，則論述湛然理具思想之內涵，此包括對理具思想所依據提出探討，以及湛然對「具」之強調提出分析，另再就理具性惡與理具唯心來論述。第三部份，乃就湛然理具思想之運用，此部份主要就《金剛錍》無情佛性說來加以論述，以顯湛然無情佛性說的理論基礎，在於理具思想。

一、理具思想之建構

㈠時代背景之分析

　　唐代佛教諸宗派相繼而起，其中以華嚴和禪宗對湛然的衝擊較大❺，同樣地，在湛然思想中受此二宗之影響亦較多，如對理的重視，以及對唯心的強調❻，而湛然又如何吸收禪宗華嚴「理」「心」的觀念，轉換成理具唯心，這是本文所

❺　法相宗的思想雖也對湛然有所衝擊，且雖然湛然著《法華五百問論》針對慈恩《法華玄贊論》，此主要論述一乘與五性問題，而本文所要處理的是理具思想，法相與此未有直接關係。

❻　在天台智者的論著中，雖然亦重視心，然大多就「觀心」而言，而此觀心乃為坐禪人而說，如《法華玄義》云：「觀心料簡者，問：事解已足，何煩觀心？答：《大論》云：佛為信行人以樹為喻，為法行人以身為喻，今亦如是，為文字人約事解釋，為坐禪人作觀心解。」（大正33・686上）乃至智者臨命終口述《觀心論》（大正46・584中～587中），此皆足見智者對觀心的重視，亦即智者對行持之關心，然此觀心釋非於就理論上來開顯。而湛然所強調之唯心，則是就理論上而言，且賦予「理具」之內涵，與智者之間仍有所不同。

要加以探討的。

1.華嚴對湛然思想之衝擊

吾人皆知華嚴宗之特色，在於重重無盡緣起思想，亦稱此為法界緣起，此可從華嚴宗之《法界觀門》、《華嚴一乘十玄門》等諸論著得知。

華嚴宗以無盡緣起來論述人生宇宙諸法之關係，乃是重重無盡之關係，隨舉一法即一切，同樣地，一切法亦不離此一法，展開了「一即一切，一切即一」之論述，而將「一」與「一切」之關係，以無盡緣起作淋漓盡致之發揮，形成法與法之間重重無盡相互徧攝之關係，以此顯示佛陀之境界，佛陀之果德，或以因陀羅網及海印三昧之喻，來譬喻象徵佛陀之境界，此境界即是諸法重重無盡相互徧攝之境界。

以此佛陀所證無盡緣起之境界（果德），作為法性，或眾生之本性，即以果地覺為因地心，由此啟開眾生對佛法的信念，由信而解而行而證，這是一部《華嚴經》所要闡述的內涵❼。

---

❼ 此可由法藏《華嚴經探玄記》（簡稱《探玄記》）得知，《探玄記》將一部《華嚴經》分為五分：㈠教起因緣分、㈡舉果勸樂生信分、㈢修因契果生解分、㈣託法進修成行分、㈤依人證入成德分（大正35·125中）。至澄觀《華嚴經疏》則省略「教起因緣分」，成為四分，以四分五周因果來顯示《華嚴經》之要義（大正35·527中）。不管是法藏或澄觀對《華嚴經》之分判，基本上是從智儼《華嚴經搜玄分齊通智方軌》（簡稱為《搜玄記》）之三分而來，所謂三分，是指㈠舉果勸樂生信分、㈡修因契果生解分、㈢依緣修行成德分（大正35·19下）。由此可看出《華嚴經》信解行證之分脈。

由於華嚴宗對佛陀境界之開顯，佛陀德用之論述，亦以此作為法界之理，眾生之本性❽，故《華嚴經》被視為稱性極談之經❾。

這種以無盡緣起對「理」、對「體」、對「性」之彰顯，就中國佛學思想史的內在理路而言，可說影響了湛然對「理」、「性」的了解。

若再就華嚴宗之五教判來看，所謂小、始、終、頓、圓等五教，小乘教與始教皆較著重於法相（如七十五法、百法）

---

❽　如法藏在《探玄記》論述《華嚴經》之「教起原由」時，列舉了十點來說明，所謂：㈠法爾故、㈡願力故、㈢機感故、㈣為本故、㈤顯德故、㈥顯位故、㈦開發故、㈧見聞故、㈨成行故、㈩得果故（大正35・107下）。以此十點說明《華嚴經》生起之原因。接著對此十點詳加說明，以下僅作摘要加以略述，其云：「初法爾故者，一切諸佛法爾皆於無盡世界，常轉如此無盡法輪」（同上・107下），「㈣為本故者，謂將欲逐機漸施末教故，宜最初先示本法，明後依此方起末故，是故最初說此經法，然後方於鹿園等處漸說枝末小乘等法」（同上・108中），「㈦開發故者，為欲開發眾生心中如來之藏性起功德，令諸菩薩依此修學破無明殼，顯性德故」（同上・108下）。由上之略舉，可看出一部《華嚴經》所闡述教義在於無盡法界緣起，且此為諸經教之本，亦是開發眾生之性德。由此種種可以看出《華嚴經》所顯示之性質。而以上十點原由，是就十種不同立場來開顯《華嚴經》之性質，如就開發性德而言，《華嚴經》所描述之佛陀境界，無異眾生如來藏之性德，亦由此顯示「因賅果海，果徹因源」，因果不二，圓融行布無礙之實踐道理，亦由此顯示「一即一切，一切即一」之道理。

❾　如澄觀《華嚴經疏》序云：「寄位南求，因圓不逾於毛孔，剖微塵之經卷，則念念果成，盡眾生之願門，則塵塵行滿。真可謂常恆之妙說，通方之洪規，稱性之極談，一乘之要軌也」（大正35・503中），以此來描述《華嚴經》。

來論述，或就破相上立說，依法藏的看法，此二教基本上少論及真性，而終教則少說法相，廣說真性，頓教唯辯真性，圓教中所說唯是無盡法界，性海圓融緣起無礙相即相入之道理，如《探玄記》云：

> 若約所說法相等者，初、小乘法相有七十五法，識唯有六，所說不盡法源，多起異諍，如小乘諸部經論說。二、始教中廣說法相，小（少）說真性，所立百法決擇分明，故無違諍。所說八識，唯是生滅法相，多數都同小乘，固非究竟玄妙之說，如《瑜伽》、《雜集》等說。三、終教中少說法相，廣說真性，以會事從理故，所立八識通如來藏，隨緣成立，具生滅不生滅。四、頓教中總不說法相，唯辯真性，亦無八識差別之相，一切所有唯是妄想，一切法實唯是絕言，呵教勸離，毀相泯心，生心即妄，不生即佛，亦無佛無不佛，無生無不生，如淨名（維摩詰居士）默住顯不二等是其意也。五、圓教中所說唯是無盡法界，性海圓融緣起無礙相即相入，如因陀羅網重重無際，微細相容，主伴無盡❿。

　　由五教之特性所示，吾人得知終、頓教基本上所詮釋，皆著重於「真性」上來闡述，而圓教亦不例外，著重於性海圓融來闡述，且以對「真性」之掌握才堪得稱為玄妙之說。終教以理（真性）會事，頓教以絕言顯真性，圓教則暢言真性，性海圓融。由五教內容，因此吾人亦可得知「真性」在

---

❿　大正35・115下～116上。

初唐時已受到相當重視，而性所顯之德用經由華嚴宗理論之
闡述，更賦予其豐富之內涵。由對性的闡發，到湛然時，由
後文的分析可知則與一念三千道理相結合，轉變成為理具，
認為一切諸法為理本具，或性具。

2.禪宗對湛然思想之衝擊

一般將禪宗分成如來禪與祖師禪，如來禪是指菩提達摩
以來的禪❶，祖師禪則是指慧能之後的禪。在初唐時，禪宗
分為北宗禪與南宗禪，北宗禪之代表人物是神秀，是屬於漸
修禪，南宗禪之代表人物是慧能，乃直指人心見性成佛的禪。
而後代所謂的禪宗，即是就南宗禪而言。

慧能所處年代，約與法藏同時，在法藏的五教分判中，
其中的頓教，依澄觀的解釋是指禪宗而言❷。頓教的特色，
在於唯辯真性❸，不處理法相，認為所有相皆是虛妄，透過

---

❶ 早期並沒有禪宗這一稱呼，對於菩提達摩以來之禪師，以楞伽師稱
　之。

❷ 如澄觀《華嚴經疏》云：「四頓教者，但一念不生，即名為佛。不
　依地位漸次而說，故立為頓，……不同前（始、終教）漸次位修行，
　不同於後（圓教）圓融具德，故立名頓；頓詮此理，故名為頓。天
　台所以不立者，以四教（藏、通、別、圓教）中皆有一絕言故，今
　乃開者，頓顯絕言，別為一類，離念機故，即順禪宗。」（大正35・
　512中下）

❸ 參❽所述。
　另可參《探玄記》，如其云：「四頓教中，總不說法相，唯辯真性，
　亦無八識差別之相，一切所有唯是妄想，一切法實唯是絕言，呵教
　勸離，毀相泯心，生心即妄，不生即佛，亦無佛無不佛，無生無不
　生。」（大正35・116上）此對頓教所作之詮釋，頗似禪宗之特色，

絕言泯除妄想，則真性顯。

足以作為禪宗代表的，首推《壇經》，從《壇經》所述，吾人可得知禪宗之特性，如其云：

> 善知識！我自法門，從上已來，頓漸皆立，無念無（「無」字乃「為」字之誤）宗，無相無（為）體，無住無（「無」乃多餘字）為本，何明為相無相於相而離相。無念者？於念而不念。無住者？為人本性。念念不住，前念念念後念，念念相續無有斷絕，若一念斷絕，法身即是離色身，念念時中，於一切法上無住，一念若住，念念即住，名繫縛，於一切法上念念不住即無縛也，以無住為本。善知識！外離一切相是無相，但能離相，性體清淨是，是以無相為體❶❹。

此說明了「無念」「無住」「無相」之道理，顯示禪宗以無念為宗，無相為體，無住為本。無相即是離相，無念即念而不念，亦即是不住於念。故禪宗以無住為體，猶如《金剛經》所說：「應無所住而生其心。」

有關心體觀念在《壇經》已確立，且強調自性本淨，如其云：

> 善知識！世人性本自淨，萬法在自姓（性）， 思量一切（惡）事，即行依惡；思量一切善事，便修於善行，知

故澄觀將頓教視為禪宗。

❶❹　大正48・338下。

如是一切法盡在自姓。自姓常清淨，（如）日月常名
（明），只為雲覆蓋上，名下暗，不能了見日月西（星）
辰，忽遇惠風吹散卷盡雲霧，萬像參羅，一時皆現，世
人性淨，猶如清天❶。

因自性本淨，而一切善惡等諸法，實不外乎吾人之自心。
且直就心顯本性，如《壇經》云：

菩提本無樹，明鏡亦無臺，佛姓（性）常青（清）淨，
何處有塵埃❶。

又云：

心是菩提樹，身為明鏡臺；明鏡本清淨，何處染塵埃❶。

此頓悟諸法無生，由自心悟得自性本淨。故《壇經》處處就
本心示明心見性，如云：

悟有殊，見有遲疾。迷人念佛生彼；悟者自淨其心。所
以言，佛隨其心淨，則佛土淨❶。

---

❶　大正48．339上。
❶　大正48．338上。
❶　同上。
❶　大正48．341中。

禪宗直就本心來把握體，所謂明心見性，即是以心為體，而非對客觀的理加以論述，此乃禪宗與華嚴宗所不同之處。然不管禪宗或華嚴宗，其就心或就理來明體顯體，皆可言對「體」的高度重視，而此對「體」的重視強度，自然於唐時形成一股風氣，湛然的理具思想，特別就「具」來凸顯「理」，即在此思潮的熏習下而醞釀出來。

就湛然的理具思想而言，其受華嚴宗思想的影響又比禪宗大，此可由湛然諸論著間接引用法藏思想可得知，且由其理具思想所表達的內涵更可得到證明。

華嚴宗對「體」的開拓，透過理論來論述法與法之間的互徧互攝，展現了諸法無盡緣起之關係❶。此無盡緣起之道理，即是理體之特色。由後文分析可知，湛然吸取了華嚴的理之「徧」「攝」及「不變隨緣，隨緣不變」的觀念，與天台「一念三千」加以結合❷，以「理」來解釋「一念三千」，

---

❶ 參見《法界觀門》所論述之三重觀法：真空觀、理事無礙觀、周徧含容觀，此三觀之基礎皆建立在真空理性而來（大正45・684下～689中）。

❷ 如《摩訶止觀》卷五上云：「夫一心具十法界，一法界又具十法界，（則為）百法界，一界具三十種世間，百法界即具三千種世間。此三千在一念心，若無心而已，介爾有心，即具三千。亦不言一心在前，一切法在後；亦不言一切法在前，一心在後。……。祇心是一切法，一切法是心，故非縱非橫，非一異異，玄妙深絕，非識所識，非言所言，所以稱為不可思議境，意在於此。」（大正46・54上）接著，《摩訶止觀》對「一念」與「三千」之關係，展開一連串的縱橫辯駁，首先，提出心具、緣具、共具、離具是不能成立的，且對此四點立說，一一加以提出辯駁，尤其針對地論師所持的心具一切法與攝論師所持的緣具一切法的觀點加以駁斥，乃至引用龍樹《中

視一念三千為理具，是理具如此❷，故有一念三千，以性德來加以解釋之。因此，我們可得知，湛然是將理體的觀念與

論》中諸法不自生，亦不從他生，不共生，不無因生為佐證，甚至舉夢眠之譬喻來說明「自、他、共、離」四句是不能成立的，亦即說明「心具、緣具、共具、離具」四句基本上是不能成立的，而得知以四句求心不可得，求三千法亦不可得，此即是「橫」的辯破，依此類推，不論「××」句，就智者而言，皆背離了其緣起中道實相；若就「縱」來辯破，從一念心的「生、滅、亦生亦滅、非生非滅」來論述心生三千法，亦皆不能成立；乃至就「亦縱亦橫」、「非縱非橫」，亦皆顯示三千法不可得，心生三千法或心具三千法等皆不能成立。此一連串所展開的辯破，無非在辯破「心具、緣具、共具、離具」等四句之自性執，顯示「一念」與「三千」皆是不可思議境，「一念」與「三千」的關係是不可分割的，乃至執一「不可思議境」或執「破」，此亦是種自性執，因此，《摩訶止觀》除了論證諸法無自性不可執外，緊接著又提出「有因緣故，亦可得說」的看法，以彰顯「不可說」（破）與「可說」（立）之間的辯證關係。由此我們可以看出天台智者除了對「一念」與「三千」之關係展開辯證之外，亦對其所用以解說「一念」與「三千」的理論加以辯證，整個行文所展現出來的是種法與法之間的辯證張力。由於文長，不便引述（參大正46・54上～55中）。至於湛然對《摩訶止觀》「一念三千」這段話的理解，已失去了天台智者對「一念」與「三千」所展開的辯證張力之關係，此乃因為湛然對此段文，分兩部份來理解，㈠湛然認為「一念三千」為理具（性具），㈡湛然對《摩訶止觀》「一念三千」所展開的辯證是屬於修具（修德）之問題（參見《輔行》，大正46・296下～297下）。因此，我們可以看出湛然基本上是將「理」與「事」二分，「性具」與「修具」二分，先分然後再透過理具來統合（有關湛然部份可參㈣理具唯心之論述）。

❷ 參見❷所明。另在湛然《輔行》中，亦有多處以理具來解釋一念三千，如其云：「言心造者，不出二意，一者約理，造即是具；二者約事，不出三世。……並由理具，方有事用，今欲修觀，但觀理具。」（大正46・293上）

一念三千結合，成為理具三千，再由理具三千而論事造三千，而湛然對「一念三千」所作的解釋，基本上與天台智者「一念三千」所表達的內涵是有差距的，天台智者以一念三千來論述「一念」與「三千」之不可思議的關係，而湛然是將「一念三千」視為固定化的概念，視為理具。同樣是對「理」的詮釋，同樣以「一念三千」來作說明，然此二者所表達的內涵卻有所不同❷。這可以看出湛然接收了華嚴與禪宗「體」的觀念，以形成其「理具」的觀念。

㈡理具思想之形成

初唐時，由於華嚴、禪宗等對理體心體之德用種種的闡發，且法法無不是理體本心，此激發了湛然將此理體本心之德用與天台智者的「一念三千」（一念即一切法）、「一花一草無非中道實相」之道理相結合，而形成所謂的理具觀念，即理中具足一切法。

在華嚴宗論述諸法相即相入徧攝之道理，基本上是基於真空理性之觀念而來，由於法法都是真空，真空徧一切法，故法法徧一切法，舉真空即攝一切法，故法法亦攝一切法，由此而開展諸法相互徧攝之道理。在湛然理成為一孤立概念，理不是與事的互動而來，所以有所謂理具事造之說法，理具與事造成為二分，而非「理即事，事即理」。 湛然雖然採用了法藏「真如隨緣不變，不變隨緣」之觀點，此是法藏針對《起信論》以理會事而說的，但此只是終教，而非理體極談具足德用之圓教。湛然所把握的只是一孤立化的理，是理事

❷　參❷。

二分之下的理。以此理的觀念和《摩訶止觀》所謂的一念三千結合，而轉為理具。

　　湛然對理的了解，與法藏是不同的，如法藏以「因果緣起理實法界」為《華嚴經》之宗趣，法藏認為因果緣起無自性，故為理實法界；理實法界是無自性，故為因果緣起，顯示理實法界與因果緣起間的互動關係，而非將理事二分。

二、理具思想之內涵

(一)理具思想之依據

　　除了前面對理具思想之形成所作的論述分析之外，若依湛然自己的看法，其理具思想之主要依據，是來自於《摩訶止觀》的「一念三千」，且湛然本身對此觀念極為推崇，認為是天台思想的「終窮究竟極說」，如湛然於《止觀輔行傳弘決》（以下簡稱《輔行》）云：

> 故大師（指天台智者）於《覺意三昧》、〈觀心食法〉及〈誦經法〉、《小止觀》等諸心觀文，但以自他等觀，推於三假，並未云一念三千具足，乃至《觀心論》中，亦祇以三十六問責於四心，亦不涉於一念三千，唯《四念處》中，略云觀心十界而已，故至《止觀》（指《摩訶止觀》）正明觀法，並以三千而為指南，乃是終窮究竟極說[23]。

---

[23]　大正46‧296上。

由此段的記載，說明了天台智者有關觀行方面的諸論著，皆未論及「一念三千」，而唯有《摩訶止觀》論及之，且依湛然之看法，此「一念三千」之說，乃是「終窮究竟極說」，反之，若未論及「一念三千」，乃非「終窮究竟極說」，不足以顯示天台思想。

因此，吾人可以看出湛然對天台「一念三千」之重視，以及湛然對「一念三千」之備極推崇。換句話說，唯有「一念三千」，才足用以表達天台思想，也唯有「一念三千」才是天台思想之終窮究竟極說。

湛然之所以對「一念三千」如此地備加推崇，乃在於湛然視「一念三千」為理具，以此「一念三千」作為其理具思想之所依據；再以此理具為其理論思想之基礎，展開論述，如〈十不二門〉所論述的本跡十妙與《金剛錍》之「無情有佛性」的論著❷，皆依此而來；同樣地，亦以此理具思想來批評他宗不是圓教。

由此可得知，理具思想乃湛然思想之核心，而其主要依據是「一念三千」。至於湛然對「一念三千」的解釋，與天台智者「一念三千」的差距，前文已明之。而湛然何以將「一念三千」解釋為理具，此乃受唐時風潮影響所致，如前面所述。而這些的轉變，對湛然而言，基本上是不自覺的，對當代的大多數人而言，也是不自覺的，或許這是時代使然，也是時代之局限。

---

❷ 於下節論述之。

(二)「具」觀念之凸顯

由前面所述，湛然的思想在於理具。因此，湛然對「具」之觀念特別強調，以此來凸顯天台與他宗之不同，如《輔行》云：

> 問：一心既具，但觀於心，何須觀具？
>
> 答：一家觀門，永異諸說，該攝一切十方三世，若凡塵一切因果者，良由觀具。具即是假，假即空中。理性雖具，若不觀之，但言觀心，則不稱理，小乘奚嘗不觀心邪？但迷一心具諸法耳❷。

此中說明了心之所以能「該攝一切十方三世」，乃根源於理具，因為理具，所以能該攝一切十方三世，故觀心須觀「具」，亦即理性雖具，然須加以觀之。即此理具乃是普遍必然，雖是普遍必然之道理，然他宗不明之，而湛然特別加以凸顯之，以作為與他宗之別，故特別強調「具」，如《輔行》接著云：

> 問：若不觀具，為屬何教？
>
> 答：別教教道從初心來，但云次第生於十界，斷亦次第，故不觀具；或稟通教，即空但理；或稟三藏（教）寂滅真空，如此等人何須觀具，何者？藏通但云心生六界，觀有巧拙即離不同，是故此兩不須觀具，尚不識具，況識空中？若不爾者，何名發心

❷　大正46・289下。

> 畢竟不別？成正覺已何能現於十界身土？又復學者
> 縱知內心具三千法，不知我心遍彼三千，彼彼三千
> 互遍，亦爾❷⑥。

在此湛然很明顯以「具」來作為是否圓教之判準，其認為三藏教、通教、別教基本上是不談「具」的，所以不觀「具」。此外，湛然甚至以「具」來說明「發心（與）畢竟不別」之道理，以及以「具」來說明成正覺後而現於十界身土化度眾生之道理。簡言之，湛然是以「具」來說明圓教之道理，諸佛之所以能化度眾生，乃是因「具」。湛然對「理」之強調，由此可見❷⑦。

㈢理具性惡

若將理具觀念作進一步推演，則是理具性惡，此觀念在宋代知禮時發展至高峰❷⑧。

---

❷⑥ 大正46・289下～290上。文中所引述的「我心遍彼三千，彼彼三千互遍」，此「遍」與「互遍」之觀念基本來自於華嚴宗諸法互遍互攝之道理。天台智者的「一念三千」，指的是心具十法界，而十法界互具，由此可推演知彼彼互具之道理，若再進一步推演，亦可成為互遍之關係。

❷⑦ 乃至引文中對「空、假、中」的解釋，仍皆基於「具」來加以解釋。至此，吾人可知天台智者用以表達圓教，以「空、假、中」之辯證關係的重要理念，在湛然的理解下，將之視為理具，只有理具之涵義而已。

❷⑧ 如知禮《十不二門指要鈔》云：「應知今家明『即』，永異諸師，以非二物相合，及非背面相翻，直須當體全是，方名為即。何者？煩惱生死即是修惡，全體即是性惡法門，故不須斷除及翻轉也。諸家

　　湛然的理具性惡，主要就《觀音玄義》而論，引《觀音
玄義》「性惡」作為一家圓義之說明，如《輔行》云：

> 問：凡夫心中具有諸佛菩薩等性，容可俱觀，中心後心
> 　　界如漸減，乃至成佛唯一法界，如何後心猶具三千？
> 答：一家圓義，言法界者，須云十界即空假中，初後不
> 　　二，方異諸教，若見《觀音玄（義）》文意者，則
> 　　事理、凡聖、自他、始終、修性等意，一切可見，
> 　　彼文（指《觀音玄義》）「料簡緣了」中云：如來不
> 　　斷性惡，闡提不斷性善，點此一意，眾滯自銷❷。

此即以「性惡」來解釋初、中、後心不二之道理，以顯理具
性惡性善，諸佛眾生平等不二，故云：「點此一意，眾滯自
銷」，此即引《觀音玄義》「如來不斷性惡，闡提不斷性善」

不明性惡，遂須翻惡為善，斷惡證善，故極頓者（指禪宗），仍云：
本無惡，元是善。既不能全惡是惡，故皆即義不成。」（大正46・707
上中）在此知禮是以「性惡」來解釋「即」，解釋圓教「生死即涅
槃」的道理，依知禮的看法，因為性惡，所以才能「生死即涅槃」，
而性惡基本是由「理具」進一步之引申。知禮甚至認為以「即」來
表達圓教道理，是「難得其意」，須就「具」來顯示，如〈釋《請
觀音疏》中消伏三用〉云：「然即理之談，難得其意，須以具不具
簡，方見即不即殊，何者？若不迷法界不具三障，⋯⋯；若所迷法
界本具三障，染故現於三障，此則惑染依他，毒害無作，以復本時，
染毒宛然，方成即義，是故名為即理性之毒，的屬圓教也。」（大正
46・872下）又云：「若不談具，乃名別教，是知由性惡故，方論即
理之毒。」（同前）

❷　大正46・296上。

以作說明。《輔行》接著則廣引《觀音玄義》「料簡緣了」部份有關性善性惡說之內容加以論述❸，如文云：

> 以不斷性善，故緣（了）因（案：「因」之前有一「了」字）本有，彼文（指《觀音玄義》）云：了是顯了，智慧莊嚴，緣是資助，福德莊嚴，由二為因，佛具二果，元此因果，本是性德，性德緣了本自有之。今三千即空，了因也；三千即假，緣因也；三千即中，正因也。是故他解（指他宗）唯知闡提不斷正因，不知不斷性德緣了，故知善惡不出三千。彼又問云：既有性德善，亦有性德惡不？答具有❸。……。

有關性德善（包括正、緣、了因）不出理具三千，而性德惡亦不出理具三千。且湛然將此理具三千以空、假、中加以配合，則形成所謂的了因、緣因、正因，亦即此三因皆是理具。所以佛具性德三因，闡提亦具性德三因，而以此評斷他宗所不言，所說是不了義❸。性德善如此，性德惡亦如此，由於

---

❸ 有關《觀音玄義》之整體結構，請參見拙著〈《觀音玄義》性惡問題之探討〉一文（《中華佛學學報》第五期，頁177），由此文圖中可得知《觀音玄義》「料簡緣了」中，廣論性善惡問題。

❸ 大正46・296上。

❸ 如《輔行》對三因佛性之論述，如其云：「若《大經》（指《涅槃經》）三十二（卷）云：或有佛性，闡提人有，善根人無；古師謂是惡境界性。（大經云）或有佛性，善根人有，闡提人無；古師謂為緣因佛性。復有佛性，兩人俱有；古師謂為正因性也。復有佛性，兩人俱無；古師謂為了因性也。如此釋者，亦別教意，不了義說。」（大正46・296中）此即湛然就「具」觀點，來評述古師對佛性之解釋

文長，不再引述❸。

　　因此，可知湛然乃依據理具，來論述性德善惡，配合《觀音玄義》來加以說明之。此中所強調的是眾生性德具三因，性德善惡皆然，皆具三因，並未特就性惡加以凸顯，以此作為與諸宗立說之不同。然至知禮時，則特就性惡來凸顯自宗之特色，而此立說之依據在於《觀音玄義》性惡說，至於《觀音玄義》性惡說能否成立，能否成為天台思想之核心？筆者已撰文對此看法提出反省批判，依筆者的看法，《觀音玄義》之性惡說乃是對涅槃時鈍根眾生所特別開設的法門，非就緣起中道實相來論述，因此，此立說是無法成立的❹。若吾人再就湛然的理具思想來看，湛然對「理」的解釋，以及對「心具三千」之「具」的解說，基本上與天台智者的緣起中道實相思想，是有明顯之差別，而知禮的性惡說基本上是承自於湛然理具思想而來，而非承自天台智者的緣起中道實相思想。因此，吾人可以說知禮的性惡說是理具的進一步發揮。

　　若依湛然的看法，諸佛之所以能化度眾生，乃在於理具

　　　是別教意，是不了義說，此關鍵在於古師未就「具」來說明佛性，所以形成闡提與善人只俱正因，不俱緣因了因。而依湛然的看法，闡提善人俱有性德三因，如此說，才是了義，圓教義，如其云：「若了義者，應云：闡提善人俱有性德（三因），而闡提無修善，善根人有；闡提有修惡，善根人無；二人俱無，無不退性，未入似位故也。」（大正46・296中下）又如湛然《止觀義例》云：「次明所立異於諸家，……。二、眾生性德具三因故，若無三因，緣了始有無常，如何無常而立常果？」（大正46・450中）

❸　詳參大正46・296上中。

❹　請參見拙著〈《觀音玄義》性惡問題之探討〉（《中華佛學學報》第五期，頁173～189）。

性德惡，如湛然《止觀義例》云：

> 佛本不斷性惡法故，性惡若斷，普現色身從何而立❸？

又如《輔行》云：

> 若不爾者（指若不觀具），何名發心畢竟不別？成正覺
> 已何能現於十界身土❸？

由上所引述二文，可知理具性惡之重要性，依湛然的看法，若理不具性惡，則諸佛無法普現色身國土化度眾生，雖然其性惡觀念來自於《觀音玄義》，而此性惡觀念之理論依據，在於理具。因理具性德善性德惡，性惡說才能成立。所以，性惡說之基礎在於理具。

(四)理具唯心

論唯心或唯色，基本上皆不離理具，皆就理具而論唯心唯色，如湛然〈十不二門〉云：

> 一、色心不二門者，且十如境，乃至無諦，一一皆可總別二意，總在一念，別分色心。何者？初十如中，相唯在色，性唯在心，體、力、作、緣義兼色心，因、果唯心，報唯約色；十二因緣，苦、業兩兼，惑唯在心；四

---

❸ 大正46・450下。
❸ 大正46・290上。

諦則三兼色心，滅唯在心；二諦三諦，皆俗具色心，真、
中唯心；一實及無（諦），　準此可見。既知別已，攝別
入總，一切諸法無非心性，一性無性，三千宛然，當知
心之色心，即心名變，變名為造，造謂體用，是則非色
非心，而色而心，唯色唯心良由於此。故知但識一念，
遍見己他生佛，他生他佛尚與心同，況己心生佛寧乖一
念？故彼彼境法，差差而不差❸。

此乃湛然以「色心不二門」解釋《法華玄義》跡十妙中之「境
妙」（包括：十如境、十二因緣、四諦、二諦、三諦、一實諦
及無諦）❸。而此諸境諦，不外色心二法所攝，且色心二法
總歸一念，此一念指的是心性，如引文云：「攝別（色心）
入總（指一念），一切諸法無非心性」，此心性依湛然的思想
而言，即是理具，即以理具為總，總攝色心等一切法。因為
心性無性，故三千宛然，心性無性即是「理」，三千宛然即是
「具」。　故就心性而論，乃是非色非心，然若就理具而論，
則是而色而心，故言「唯色唯心良由於此」，「此」指的是理
具，即就理具論唯色或唯心。然在湛然的看法中，色為心所
造，心統攝色，因此，唯色唯心，吾人又可將之簡化為唯心，
以唯心來表之。又如湛然《止觀大意》云：

陰界入不出色心，色從心造，全體是心。故《經》（指
《華嚴經》）　云：三界無別法，唯是一心作。此之能造

---

❸　大正46・703上。
❸　詳參《法華玄義》之「境妙」（大正33・698中〜705中）。

具足諸法，若漏、無漏、非漏非無漏等，若因、若果、
非因非果等。故《經》云：心、佛及眾生，是三無差別。
眾生理具，諸佛已成，成之與理，莫不性等❸。

由此所述，吾人可了解到心造諸法，乃在於心具足諸法，而
心之所以具足諸法，乃就理具而論。就眾生心而言，理具諸
法，然若就佛而言，諸佛已證得理具成就理具，佛與眾生雖
有成之與理具之差別，然就理體而論，是平等無別的，故言
「心佛及眾生，是三無差別」。既如此，故可就唯心論理具，
尤其運用在觀行上更是如此。

就心而論心性，心性本無自性，即以無自性為心之性，
為理，為體。所謂的「理」或「體」，即是指無自性而言，以
無自性為理，如《止觀大意》云：

謂一一心中一切心，一一塵中一切塵，一一心中一切塵，
一一塵中一切心，一一塵中一切剎，一切剎塵亦復然。
諸法、諸塵、諸剎身，其體宛然無自性，無性本來隨物
變，所以相入事恆分，故我身心剎塵遍，諸佛眾生亦復
然。一一身土體恆同，何妨心佛眾生異，異故分染淨緣，
緣體本空，空不空；三諦三觀，三非三，三一一三無所
寄，諦觀名別，體復同，是故能所二非二，如是觀時，
名觀心性，隨緣不變故為性，不變隨緣故為心❹。

---

❸　大正46・460上。

❹　大正46・460上中。

此「不變隨緣、隨緣不變」所顯示的是理具，就「理」而言，是不變；就「具」而論，有隨緣，心所造變之種種法；因理具而說，故言「不變隨緣故為心」；雖隨緣，然理體不變，故言「隨緣不變故為性」。

性、理、體三者，在概念上是一樣的，皆是指無自性言，所觀心性，即是指觀心法無自性，心法之理，心法之體，亦即是妙境，如《止觀大意》云：

> 故《涅槃經》云：能觀心性，名為上定。上定者，名第一義；第一義者，名佛性；佛性者，名毘盧遮那。此遮那性具三佛性，遮那遍故，三佛亦遍，故知三佛唯一剎那，三佛遍故，剎那則遍，如是觀者，名觀煩惱、名觀法身。此觀法身，是觀三身、是觀剎那、是觀海藏、是觀真如、是觀實相、是觀眾生、是觀己身、是觀虛空、是觀中道，故此妙境為諸法本，故此妙觀是諸行源❹。

引文中，將心性、第一義、佛性、毘盧遮那並舉，又將煩惱、法身、剎那、海藏、真如、實相、眾生、己身、虛空、中道等並舉。由此可知，諸異名間之共通性，乃在於皆是妙境，此妙境即是不思議境，依湛然的解釋，即是《摩訶止觀》的「一念三千」，亦即是理具❷。所以，觀煩惱、觀法身皆是妙境，即以此妙境（理）為諸法之本。

就觀行而論，就心而論修，皆本於理具一念三千，因為

---

❹　大正46・460中。

❷　參見《輔行》（大正46・297上）。

理具而有修具，如《輔行》云：

> 次明修德不思議境，……，如前理性本無性（指自性、
> 他性、共性、無因性）過，約修門說，須明離計，故約
> 四性以為徵詢，然此問中，且約所起理自具而為研覈，
> 其實但推本具理心，恐生計故，故須此覈，故下答文，
> 但離橫等四句執竟，還歸本理一念三千。……。又此理
> 具，變為修具，一一修具，無非理具，所以將理對修料
> 簡，令識修具全是理具，乃達理具即空即假即中❹。

因此，修德基礎在於理具，就理具而言，本無自性、他
性、共性、離因性等之過失，如果離此四句執著，還歸本理
一念三千，即回歸理具一念三千，所以一一修具，無非理具。

由此可知，湛然是將《摩訶止觀》的「一念三千」，分
為理具一念三千與修具一念三千，基本上即是理具一念三千，
故視一念三千為理具，視《摩訶止觀》對四性執之辯破為修
具，由此辯破顯理具一念三千之道理，即顯理具唯心。

再者，湛然是將《摩訶止觀》所論述的「一念三千」，約
理約事兩方面來論觀法，如《止觀義例》云：

> 問：諸文皆云：色心不二，如欲觀察，如何立觀？
> 答：心色一體，無前無後，皆是法界，修觀次第，必先
> 內心，內心若淨，以此淨心歷一切法，任運脗合；
> 又亦先了萬法唯心，方可觀心，能了諸法，則見諸

法唯心唯色，當知一切由心分別諸法，何嘗自謂同異。故《占察經》云：觀有二種，一者唯識、二者實相。實相觀理，唯識歷事，事理不二，觀道自開❹。

就色心一體而論，無非法界，然就修觀次第而言，皆由心入手，此可由心之「理」而觀，亦可就萬法唯心之「事」而觀❺，而達事理不二，此中的事理不二，是就修觀而言，然由前面〈理具思想之建構〉註解中（參❷）所論述，得知湛然基本上是先將理事二分，此理事二分，而以理具統合之。

三、理具思想之運用

湛然的理具思想於《金剛錍》論述無情有佛性時更有具體之發揮，或言湛然的無情佛性說是以理具作為理論基礎，法法莫不是理具，無情亦然，故無情有佛性。

㈠無情佛性說之論證

湛然所謂的無情有佛性之佛性，指的是理體之異名，亦即是真如、法性等之異名，依湛然的看法，名相雖異，理一無殊，如《金剛錍》云：

---

❹　大正46・452上。

❺　至於理觀、事觀之如何運作，如《止觀義例》云：「夫觀心法，有事有理，從理唯達法性，更不餘塗；從事則專照起心四性叵得。亦名本末相映，事理不二。」（大正46・452中）

> 無情無佛性，豈非萬法無真如耶？故萬法之稱寧隔纖塵？
> 真如之體何專彼我❹？

此顯示真如之體徧一切法，無情亦不例外。以此真如之體徧
造徧變徧攝之道理，湛然於《金剛錍》中展開無情有佛性之
論證，如下述。

　　首先，湛然先釐清一般人對《涅槃經》無情無佛性說的
疑點，認為佛之回答乃順著迦葉之問而來，是屬於對治上之
回答❹，以虛空為喻。接著，則復宗顯空非有，以掃除世人
對空之邪計❹。最後，則得知乃是世人就《涅槃經》之智斷
果上及緣了因佛性來詰難正因佛性（理），如《金剛錍》云：

> 世人何以棄佛正教，朋（明）於邪空，云何乃以智斷果
> 上緣了佛性以難正因❹。

---

❹　大正46·782下。

❹　如《金剛錍》云：「佛先順問答，次復宗明空。先順問云：為非涅
　　槃說為涅槃，非涅槃者，謂有為煩惱；為非如來說為如來，非如來
　　者，闡提二乘；為非佛性說為佛性，非佛性者，謂牆壁瓦礫。今問
　　若瓦石永非，二乘煩惱亦永非耶？故知經文寄方便教，說三對治。」
　　（大正46·781中）
　　對此作如下結論，其云：「故知經以正因詰難，一切世間何所不攝，
　　豈隔煩惱及二乘乎？虛空之言，何所不該，安棄牆壁瓦石等耶？」（同
　　上·781下）於此得知佛性、涅槃、如來於法無不徧攝，而言無情
　　有佛性。

❹　參大正46·781下。

❹　大正46·782上。

　　簡而言之，世人乃就權之緣了來難實之正因，即以權難實。對此湛然亦加以反擊，首先釐清佛性之涵義，認為若將佛性界定在佛的果德上，那麼此眾生亦無，應言眾生無佛性，豈只是無情無佛性？

　　因此，對無情佛性說之看法，吾人應先釐清「佛性」之界定。湛然於《金剛錍》中對「佛性」之定義，基本上是就「理」上而言，即就正因佛性，以顯示體徧圓融之道理，駁斥他宗之說，如《金剛錍》云：

> 今搜求現未建立圓融，不弊性無，但困理壅，故於性中點示體遍，傍遮偏指清淨真如尚失小真，佛性安在？他不見之空，論無情性之有無，不曉一家立義大旨❺⓿。

接著以唯心體具貫之：

> 故達唯心了體具者，焉有異同。若不立唯心，一切大教全為無用，若不許心具，圓頓之理乃成徒施。信唯心具，復疑（佛性）有無，則疑己心之有無也。故知一塵一心，即一切生佛之心性，何獨自心之有無耶❺❶？

　　至此，吾人可了解到湛然之無情佛性，乃透過理具唯心為基礎，由理具唯心，故心具；由心具，到一塵一心等諸法，即一切眾生佛之心性。故由理具論心具，由心具顯理具。

---

❺⓿　大正46・782下。

❺❶　同上。

㈡無情佛性之釐清

一般認同色香等無非中道之看法，對於無情有佛性之說法，不免仍有所疑惑，此乃根源於對「中道」「佛性」不解之故。依湛然的看法，「中道」「佛性」乃名異體一，甚至可以視為一名，就藏、通、別、圓等四教而言，中道佛性屬別圓二教之範疇，藏通二教所涉獵是斷常問題，不涉及中道佛性問題，如《輔行》云：

> 自山家教門所明中道，唯有二義，一離斷常，屬前二教（指藏、通教）；二者佛性，屬後二教❷。

此即說明了藏、通二教以離斷常明中道義，而別圓二教乃以佛性顯示中道。然別圓二教之中道佛性義亦有所別，其差別在於「即」「離」上❸，圓教所明中道佛性，乃即一切法而說，所謂「色香無非中道」，而別教之中道佛性，乃離一切法而說，故而有差別。以此確立圓教之中道佛性義涵。

雖如此，然對於「中道」「佛性」之觀念，世人難免有所疑，只知色香無非中道，卻不了解乃至不能接受無情佛性之說，對此湛然於《輔行》中，更就十義加以論述之，所謂十義，是就十種角度（身、體、事理、土、教證、真俗、攝屬、因果、隨宜、隨教）來釐清無情與佛性之關係，引述於

---

❷　大正46・151下。

❸　如《輔行》云：「於佛性中，教分權實，故有即離。」（大正46・151下）

下：

一者約身：言佛性者，應具三身，不可獨云有應身性，
　　　　　若具三身，法身許遍，何隔無情？

二者從體：三身相即，無暫離時，既許法身遍一切處，
　　　　　報、應未嘗離於法身，況法自處，二身常在，
　　　　　故知三身遍於諸法，何獨法身？

三約事理：從「事」，則分情與無情。從「理」，則無情
　　　　　非情別，是故情具，無情亦然。

四者約土：從迷情，故分於依正。從理智，故依即是正，
　　　　　如常寂光即法身土，身土相稱，何隔無情。

五約教證：教道說有情與非情，證道說故不可分二。

六約真俗：真故體一，俗分有無，二而不二，思之可知。

七約攝屬：一切萬法攝屬於心，心外無餘，豈復甄隔？
　　　　　但云有情心體皆遍，豈隔草木獨稱無情？

八者因果：從因從迷，執異成隔。從果從悟，佛性恆同。

九者隨宜：四句分別，隨順悉檀，說益不同，且分二別。

十者隨教：三教（藏、通、別）云無，圓說遍有，又《淨
　　　　　名》：眾生如，故一切法如。如無佛性，理
　　　　　小教權，教權理實，亦非今意。又若論無情，
　　　　　何獨色外，內色亦然，故《淨名》云：是身
　　　　　無知，如草木瓦礫。若論有情，何獨眾生，
　　　　　一切唯心，是則一塵具足一切眾生佛性，亦
　　　　　具十方諸佛佛性❺❹。

---

❺❹　大正46・151下～152上。

由上之所述，湛然的無情佛性說之論說，可歸納為四方面：

　　㈠理：第一至六，及第八。

　　㈡心：第七。

　　㈢果：第五、八。

　　㈣教：第九、十。

　　於下說明之：

　　由理體之遍與相即，顯示佛性不隔無情，三身互遍於諸法（如第一、二點所言）。再者，就理而言，本無所謂「有情」與「無情」之分別。既無分別，無情豈無佛性（如第三、五、八所言）。再者，以三身明佛性，亦可就依報之土明佛性，因就理智而論，依報即正報，常寂光土即法身，之所以有依正之別，乃就迷情而言（如第四所言）。教道分情與無情，此即就事而言，然就證道而言，情與無情不可分也，如理不可分（如第五所言）。第六就真俗而論亦然。因此，吾人可得知，理體之遍、相即、不可分，乃湛然無情佛性說之理論基礎。

　　第七點則是就心而論，由於心攝一切法，心外無法，故心體遍一切法，亦遍於無情，心體既遍於無情，故無情有心體，即無情有性。

　　第九、十點皆就教而言，由於迷情有隔而生異執，故就教隨宜而分情與無情，於藏、通、別三教說無情無佛性，然就圓教而論，情與無情皆相互遍攝，故無情有佛性。湛然甚至進一步論述「無情」非獨指色外，內色亦可稱之為無情，同樣地，若論「有情」，非獨指眾生，法法皆然，因為一切唯心，情與無情皆有佛性。

　　總言之，情與無情之分別，乃是就教就事就因就迷而言，

然就證就理就果就悟而論，情與無情不可分也。由此而說無
情有佛性，此乃圓教義。

此外，有關湛然理具思想之運用，將此理具思想發揮至
極，除了《金剛錍》所論述無情佛性之外，可言〈十不二門〉。
在〈十不二門〉中，湛然更以十門來論述理具，如色心、內
外、修性、因果、染淨、依正、自他、三業、權實、受潤等
十不二門，對理具思想作淋漓盡致之理論發揮，由於篇幅之
關係，無法加以申論，待第二章再述之。

本文之論述，在於探索湛然思想的理論核心——理具，
由時代思潮的分析，了解理具思想之形成背景，也明白湛然
思想與天台智者、華嚴、禪宗等彼此間的關係。再由理具思
想之內涵的探討，得知湛然理具思想之主要依據，在於「一
念三千」，然而湛然所理解的一念三千，與天台智者《摩訶止
觀》所說的「一念三千」顯然有差別；湛然基本上是就理具
來理解一念三千，而天台智者的一念三千是顯示一念與三千
之間的辯證張力。湛然由理具特別凸顯「具」與他宗之不同，
亦由理具論述性惡，論述唯心。最後，所探討的是理具思想
之運用，湛然依據理具的觀念，發展無情佛性說，亦就理具
的觀念，統攝《法華玄義》本跡各十妙之道理。

第二章　從湛然〈十不二門〉論天台思想之發展演變

前　言

　　湛然於《法華玄義釋籤》中疏解《法華玄義》跡門十妙後，又以十門「不二」來攬括跡門十妙之要義，乃至本門十妙，其弟子將之錄出單行流通，此即是後人所熟知的〈十不二門〉。

　　有關〈十不二門〉之名稱眾多，在此不贅述。但從〈十不二門〉的內容來看，吾人可發現湛然撰寫此十門不二之用心，除了想總攬《法華玄義》跡門十妙之奧義外，更試圖將天台教觀結合在一起（或言將《法華玄義》與《摩訶止觀》結合），此從〈十不二門〉之一開始可得知，湛然以類似感歎的口氣說明了跡門十妙所闡述的內容不外乎因果及自他（若完整表達是指自行因果及化他能所），而此是架構於四教五味來論述，但對教行之樞機的觀心，在跡妙中只是略點託事附法而已，或存或沒。依湛然的看法，《法華玄義》是以教為正，以觀心為旁，且以此跡門十妙為觀法大體。此不但凸顯了跡妙之重要性，湛然甚至認為跡妙中所論述的自行因果和化他能所，實含攝了本門十妙，乃至體、宗、用、教等四重

玄義皆包括在內，甚至《摩訶止觀》中的正修十乘觀法及起教章，不外乎是自行因果和化他能所，即《摩訶止觀》「十乘觀法」成自行因果，〈起教〉一章成化他能所，如此則法華行成。此無非將《法華玄義》之教和《摩訶止觀》之觀緊緊相結合在一起，此可說湛然撰十門不二之用心。以十門不二作為觀法之大體，而十門不二所詮實不外乎一念三千理具思想。

因此，透過十門「不二」來開顯一念三千理具以作為觀法之大體，可言為〈十不二門〉所要論述的核心。換言之，以「不二」直伸一理來顯示《法華玄義》之要旨，此為〈十不二門〉論述之所在。

由於〈十不二門〉以凸顯一念理具三千思想為主，因此成為宋山家山外論爭的焦點，尤其「一念」為理為事（或真心或妄心）的爭議，在山家山外有關〈十不二門〉的注疏中有相當精采豐富的論述，而被視為雜山外派的仁岳針對山家山外之爭而提出即事顯理的一念心性看法，亦有其獨到之處。

從後代對〈十不二門〉相當豐富的注疏中，吾人可看出湛然〈十不二門〉所扮演之重要性，不僅顯示《法華玄義》之妙義，同時也是結合《法華玄義》、《摩訶止觀》教觀之重要論著，此也無怪乎在宋代時那麼多天台宗精英們投入對此論著的研究，但也成為宋天台宗論爭癥結之所在。

透過對〈十不二門〉的分析及其影響的論述，除了讓吾人了解〈十不二門〉的內容和湛然的思想外，同時也可釐清宋山家山外爭論之所在，進而了解天台智者思想於唐宋發展演變之情形。

一、〈十不二門〉內容之分析

湛然的〈十不二門〉❶，基本上可說是對《法華玄義》跡門十妙所作的總綱領，此從〈十不二門〉可得知，如其云：

> 然此跡門譚其因果及以自他，使一代教門融通入妙故，凡諸義釋皆約四教及以五味，意在開教悉入醍醐。……所明理境、智、行、位、法，能化所化，意在能詮，詮中咸妙，為辨詮內始末自他故，具演十妙，搜括一化，出世大意罄無不盡。故不可不了十妙大綱，故撮十妙為觀法大體❷。

在此湛然點出了跡門十妙所論述之內容，乃是自行因果及化他能所，且為令一代教門融通入妙，故《法華玄義》往往藉由四教與五味教之模式，開諸教悉入醍醐味。接著，湛然論及跡門十妙中的境、智、行、位、三法妙之自行，及感應、神通等能化所化之化他，是為能詮，亦即透過跡門十妙來詮釋妙。故對十妙大綱不可不了，此十妙乃為觀法大體。

〈十不二門〉雖為跡門十妙之綱要，而實際上亦含攝本門，如其云：

---

❶ 原本於《法華玄義釋籤》中（大正33・918上～920上），後來單獨流通，成為單行本，收在《大正藏》第四十六冊（〈十不二門〉，大正46・702下～704下）。此〈十不二門〉亦成為宋山家山外爭論之焦點。

❷ 大正33・918上。

> 若解跡妙，本妙非遙，應知但是離合異耳，因果義一，自他何殊❸？

此乃是就跡本皆不可思議而明之，故言「若解跡妙，本妙非遙」，況不能捨跡而求本。因此，吾人可以說〈十不二門〉所論述之範圍應合括本跡二門，而非只就跡門而已。

依湛然的看法，跡門十妙所論述的不外乎自他因果法，而且五重玄義中的另四重（體、宗、用、教）亦是明自他因果法❹。又認為吾人應掌握此，如此教才有所歸，如其云：

> 若曉斯旨，則教有歸，一期縱橫不出一念三千世間即空假中，理境乃至利益咸爾。則《止觀》十乘成今自行因果，〈起教〉一章成今化他能所，則彼此昭著，法華行成。使功不唐捐，所詮可識。故更以十門收攝十妙❺。

由此可知，從一念三千掌握自他因果法之重要性，不論是《法華玄義》中的跡門十妙（境至利益妙），或《摩訶止觀》中的十乘觀法、起教等，湛然認為皆在明自他因果法，如此則能成就法華行。〈十不二門〉即是基於此因緣之下，以十門不二收攝十妙。

---

❸ 同上。

❹ 如〈十不二門〉云：「若解跡門，本妙非遙，應知但是離合異耳。因果義一，自他何殊？……況體、宗、用祇是自他因果法故，況復教相祇是分別前之四章（指名、體、宗、用），使前四章與諸文永異。」（大正33・918上）

❺ 大正33・918上中。

〈十不二門〉中的十門，其宗旨在於論述一理，如其云：

> 故更以十門收攝十妙，何者？為實施權，則不二而二；
> 開權顯實，則二而不二。法既教部，咸開成妙，故此十
> 門不二為目，一一門下以六即檢之，本文已廣引誠證，
> 此下但直伸一理，使一部經旨皎在目前❻。

由引文中，吾人可清楚的了解到湛然是藉由十門不二來直伸
一理。換言之，直伸一理乃〈十不二門〉所要闡述之道理，
而其重點並非在於論述不二，而是藉由一理以顯不二。以下
依〈十不二門〉之內容一一加以明之。

㈠色心不二門

　　湛然的〈十不二門〉之十門，是依跡門十妙而立❼，而
「色心不二門」即是就境妙而言。

　　在「色心不二門」中，湛然以總、別而論之，就別而言，
分色、心；就總而論，唯是一念（心性）。亦即境妙中的十
如是、十二因緣、四諦、三諦、二諦、一實諦及無諦，以色

---

❻　大正33・918中。

❼　此可參見〈十不二門〉之解說，如其云：「是中第一（指色心不二
門）從境妙立名；第二（內外不二門）、第三（修性不二門）從智、
行立名；第四（因果不二門）從位、法立名；第五（染淨不二門）、
第六（依正不二門）、 第七（自他不二門）從感應神通立名；第八
（三業不二門）、 第九（權實不二門）從說法立名；第十（受潤不
二門）從眷屬、利益立名。」（大正33・918中）

心而分配之❽，然後攝別入總，無非心性，如其云：

> 既知別已，攝別入總，一切諸法無非心性。一性無性，
> 三千宛然❾。

由此可知，境妙中之諸境不外乎是色心二法，而色心不外乎
一念，故一切諸法無非心性；然一性無性，故三千宛然。此
中先由色心總攝諸境，進而由一念攝色心，而明心性與三千
之關係，亦即由「一性無性」而「三千宛然」。因此，〈十不
二門〉接著云：

> 當知心之色心，即心名變，變名為造，造謂體用(同)。是
> 則（心性）非色非心，而色而心，唯色唯心良由於此。
> 故知但識一念遍見己他生佛，他生他佛尚與心同，況己
> 心生佛寧乖一念，故彼彼境法差而不差❿。

由總之「一念」，本身即具色心，而此一念心性非色非心，故

---

❽ 有關境妙之諸境與色心之關係，可參〈十不二門〉之論述，如其云：
「一、色心不二門者，且十如境乃至無諦，一一皆有總別二意，總
在一念，別分色心。何者？初十如中，相唯在色，性唯在心，體、
力、作、緣兼色心，因、果唯心，報唯約色；十二因緣，苦、業兩
兼，惑唯在心；四諦則三（指苦、集、道）兼色心，滅唯在心；二
諦、三諦皆俗具色心，真中唯心；一實及無（諦）準此可知。」（大
正33‧918中）

❾ 大正33‧918中。

❿ 同上。有本將「造謂體用」寫為「造謂體同」，源清《十不二門示
珠指》即依此本。

而色而心，乃至唯色唯心。因此言「一念遍見己他生佛」，若能識得此道理，他生他佛尚與心同，況己心之生佛寧乖一念。

至此，吾人可了解到湛然的「色心不二門」，乃是藉由色心（別）而導向一念（總），進而由一念了知一性無性之道理，由此而知非色非心而色而心之關係。若能如是了解，則可以了解到一念遍於己心之眾生、佛；亦遍於他心之眾生、佛。簡言之，一念遍於一切眾生一切佛中。而其關鍵在於「一性無性，三千宛然」之理具思想。

從「色心不二門」的論述中，可得知湛然並未對「總在一念」作明確的界說，往往藉由「一念」來顯示「心性」，或將此二者結合在一起，如〈十不二門〉云：「攝別入總，一切諸法無非心性」，又如其云：「當知心之色心，即心名變，變名為造，造謂體用」，此兩段引文中的「總」和「心」，吾人很難斷定說是指一念或心性或兩者皆有之（亦可言是指事或理或兼具理事）。但無論如何，湛然在此所要彰顯的是「攝別入總，一切諸法無非心性，一性無性，三千宛然」之道理，故接著說「當知心之色心，即心名變，變名為造，造謂體用。是則非色非心，而色而心，唯色唯心，良由於此」，由此表達一念三千理具是空、是假、是中，由於一念理具如此，所以是「非色非心，而色而心，唯色唯心」。換言之，由於一念理具三千，所以能「非色非心」「而色而心」「唯色唯心」，故言「良由於此」。

因此，在「色心不二門」中，可看出湛然首先是透過色心二法來攝一切法，再藉由「一念」來統攝色心二法，進而由「一念」來開顯理具三千之道理。因為一念理具三千，所

以「非色非心，而色而心，唯色唯心，良由於此」。亦因為如此，故緊接著言：「故知但識一念遍見己他生佛，他生他佛尚與心同，況己心生佛寧乖一念，故彼彼境法差而不差」，此為「色心不二門」之結語。

此「色心不二門」，乃湛然〈十不二門〉理論思想之基礎，以此「色心不二門」建構一念理具三千之觀念，再以此為餘九門之基礎。此亦可由「色心不二門」是從《法華玄義》跡門十妙之「境妙」立名可知，「境妙」乃是對「理」「諦」的闡述，故《法華玄義》以十如是、十二因緣、四諦、二諦、三諦、一諦、無諦等來論述之，而湛然在此第一門「色心不二門」中，首先要建構的是一念理具三千之道理，以此作為境妙，以此作為智、行等自行因果之所依，亦以此作為感應、神通等化他能所之運用。換言之，依湛然的看法，自行因果及化他能所皆不外乎此一念三千，因「眾生由理具三千故能感；諸佛由三千理滿故能應」（大正33・919中），眾生心因理具三千；若此因成果，則理滿三千。

由上之分析，可知「色心不二門」乃〈十不二門〉餘九門之理論基礎，欲了解〈十不二門〉，「色心不二門」乃其關鍵之所在，而一念理具三千為其核心思想。至宋代，引發山家山外對〈十不二門〉論點之不同，可說亦一念理具三千而來（容後述）。

㈡內外不二門

將所觀境分為內外，外是指依報正報之色心，內是指一念心性，如其云：

二、內外不二門者：凡所觀境不出內外，外謂託彼依正色心，即空假中，即空假中妙故，心色體絕，唯一實性。無空假中，色心宛然，豁同真淨，……。所言內者，先了外色心，一念無念，唯內體三千，即空假中，是則外法全為心性，心性無外，攝無不周，十方諸佛法界有情，性體無殊，一切咸遍❶。

此即由外色心而歸內一念，然一念無念，唯內體三千，所以外法（依報正報之色心）全為心性。由此而明心性遍一切，攝一切法而無不周。

此「內外不二門」，即是由第一門「色心不二門」進一步加以論述內外色心之關係，讓吾人了解外色心不外乎一念，而一念無念，故唯體具三千，既是體性三千，所以內外不二，性體一切咸遍，十方諸佛法界有情性體無殊。換言之，藉由對「內外不二門」的了解，了悟外法（色心）不外乎一念，而一念無念三千宛然，由此一念心性發智起修。

㈢脩性不二門

此門論脩性之關係，性由脩照，脩由性發，如〈十不二門〉云：

三、脩性不二門者：性德祇是界如一念，此內界如三法具足，性雖本爾，藉智起脩，由脩照性，由性發脩。在性，則全脩成性；起脩，則全性成脩。性無所移，脩常

---

❶　大正33・918中～下。

宛爾❷。

此明性德具足三法（如般若、解脫、法身），性雖具足三法，然須藉智起脩，由脩照性，如此性才能顯之；同樣地，須由性而發脩，以顯示性脩不二。就性而言，則全脩成性；就脩而論，則全性成脩。故性無所移，而脩常宛爾，而明性脩不二。

有關脩，湛然以順脩和逆脩而加以區分之❸，順脩是指了性為行；逆脩是指背性成迷。此即是就迷悟明脩，迷了二心，其心不二，而逆順之事恆殊。另又就順脩與性之關係加以探討❹，以離合明其關係，離是指脩性各具三法，合是指脩二性一，此是就十種三法來論之。

在「脩性不二門」中，即是以「色心不二門」及「內外不二門」之一念心性理具三千為基礎，而論雖一念理具三千，但須由脩而照，顯脩性之不二。

㈣因果不二門

因果不二門，乃就位妙、三法妙而論，由因果而顯理，如〈十不二門〉云：

> 四、因果不二門者：眾生心因，既具三軌，此因成果，名三涅槃。因果無殊，始終理一。若爾，因德已具，何不住因？但由迷因，各自謂實，若了迷性，實唯住因。

---

❷　大正33・918下。

❸　參大正33・918下。

❹　參大正33・918下。

> 故久研此因，因顯名果，祇緣因果理一，用此一理為因，
> 理顯無復果名，豈可仍存因號，因果既泯，理性自亡❶。

此明因、果、理之關係，因果無殊，始終理一，亦即以一理
為因，若理顯則無復果名，果名不存，因亦不存；因果既泯，
則理性自亡。三者之關係，乃是同存同泯，因顯名果，因果
理一，以理為因，理顯無果，無果則無因，因果不存，理亦亡。

　因、果、理之關係如上所述，然因泯分別有親疏，故迷
有厚薄，因此而強分三惑開六即以明智之淺深，如其云：

> 祇由亡智親疎，致使迷成厚薄；迷厚薄故，強分三惑，
> 義開六即，名智淺深。故如夢勤加，空名惑絕，幻因既
> 滿，鏡像果圓。空、像雖即義同，而空虛像實，像實故
> 稱理本有，空虛故迷，轉應成性，是則不二而二立因果
> 殊；二而不二始終體一❶。

此顯因果雖理一，而不妨不二而二立因果殊；雖因果二而始
終體一，故言二而不二。

　若視因果為異，則因亦非因；同理，因果若一，則無所
謂因果，故因果之關係，乃是不二而二，二而不二，如此才
能成立因果，如〈十不二門〉云：

> 若謂因異果，因亦非因；曉果從因，因方克果。所以三

---

❶　大正33·918下。

❶　大正33·918下～919上。

千在理，同名無明；三千果成，咸稱常樂；三千無改，
無明即明❶。

此就迷悟明因果之關係，若三千在理，同名無明，此為迷；
若三千果成，咸稱常樂，此為覺；不論迷悟，三千無改，無
明即明，此就理而論。

以上四門（色心不二門、內外不二門、脩性不二門、因
果不二門），可言就自行因果而言，由所觀境色心不二、內外
不二，進而藉智起脩，了脩性不二，至因果不二即是自行之
完成，亦即由一念理具三千至三千果成。

以下六門，即是就化他能所而立論，而此立論亦皆不離
理具三千。

㈤染淨不二門

染淨不二門，乃就無明、法性而明之。由於眾生無始以
來，以法性為無明，故有染；若能了無明即法性，則是淨，
故染淨不二，如〈十不二門〉云：

> 五、染淨不二門者：若識無始即法性為無明，故可了今
> 無明為法性。法性之與無明遍造諸法，名之為染；無明
> 之與法性遍應眾緣，號之為淨。濁水、清水波濕無殊。
> 清濁雖即由緣，而濁成本有，濁雖本有，而全體是清，
> 以二波理通，舉體是用故。三千因果俱名緣起，迷悟緣
> 起不離剎那，剎那性常，緣起理一。一理之內而分淨穢，

❶　大正33・919上。

別有六穢四淨，通則十通淨穢❶⑧。

清水、濁水波濕不二，染淨亦如此，理無二故，舉體是用，故三千因果俱名緣起，迷悟緣起不離剎那，剎那性常，緣起理一。以此一理而分淨穢，就十法界差別相言，有六穢四淨；若就通相而言，則每一界皆有六穢四淨。

若迷，則三千未顯；若悟，證得相似位，則六根遍照，照十法界，分真位亦照十法界百法界，而遮而照，終日雙亡終日雙照，不動此念而遍應無方，隨感而施，淨穢斯泯❶⑨。

在「染淨不二門」中，所探討的乃是一念三千染淨之問題，由迷，故一念三千成染，即法性成無明；由悟，則一念三千成淨，即無明為法性。若能識得此道理（指法性成無明）及了達此道理（指無明即法性），則知染淨其體無二，猶如濁水、清水波濕無殊，如此則能舉體是用，運用染淨二緣化導群生，不動一念而遍應十方。迷悟染淨緣起，皆不離此一念，一念理具三千，故染淨本有，悟則能遍應眾緣。

㈥依正不二門

依正不二門，乃就一念三千明依正不外乎一心，一心既具依正三千，豈可將心分為能所，由此而明自他因果相攝，眾生雖迷理具三千未證得果，然一切莫非遮那妙境，與遮那一體不二，如〈十不二門〉云：

---

❶⑧　同上。

❶⑨　參大正33・919上。

六、依正不二門者：已證遮那一體不二，良由無始一念三千，以三千中生陰二千為正，國土一千屬依，依正既居一心，一心豈分能所？雖無能所，依正宛然。是則理性、名字、觀行已有不二正依之相，故使自他因果相攝。但眾生在理，果雖未辦，一切莫非遮那妙境❷。

雖迷之眾生與悟證之遮那一體無二，然須了迷悟理性法體之局遍，如〈十不二門〉云：

應復了諸佛法體非遍而遍，眾生理性非局而局。始終不改，大小無妨，因果理同，依正何別？故淨穢之土，勝劣之身，塵身與法身量同，塵國與寂光無異，是即一一塵剎一切剎，一一塵身一切身，廣狹勝劣難思議，……如是方知生佛等彼此事理互相收❷。

雖有局遍之別，然廣狹勝劣皆不可思議，舉一即一切。

㈦自他不二門

自他不二門，乃明眾生之能感與諸佛之能應，實乃因一性具足自他，眾生理具三千故能感，諸佛由三千理滿故能應，如〈十不二門〉云：

七、自他不二門者：隨機利他，事乃憑本。本謂一性，

---

❷　大正33・919上中。
❷　大正33・919中。

具足自他，方至果位，自即益他。如理性三德三諦三千
自行，唯在空中，利他三千赴物，物機無量，不出三千；
能應雖多，不出十界；界界轉現，不出一念；土土互生，
不出寂光。眾生由理具三千故能感；諸佛由三千理滿故
能應。應遍機遍，欣赴不差❷。

此明理雖具足，而須假藉緣了方能感應；而緣了與性合，方
能稱性，如其云：

應知理雖自他具足，必藉緣了為利他功；復由緣了與性
一合，方能稱性，施設萬端，則不起自性應無方所❸。

此由一念理具三千自他具足與一念理滿三千形成能感能應之
關係，理雖如此，但必須藉緣方能顯利他之功，而此緣了亦
不離性，故能施設萬端而不起自性應無方所。

㈧三業不二門

三業不二門，此由自他不二而成，顯一念凡心已有理性
三密（身、口、意三輪），如〈十不二門〉云：

八、三業不二門者：於化他門，事發三密，隨順物理，
得名不同，心輪鑒機，二輪（身、口輪）設化，現身說
法未曾毫差。在身分於真、應；在法分於權、實。二身

---

❷　同上。
❸　同上。

若異，何故乃云即是法身；二說若乖，何故乃云皆成佛道。若唯法身，應無垂世；若唯佛道，誰施三乘。身尚無身，說必非說。身口平等，等彼意輪，心色一如，不謀而化，常冥至極，稱物施為。豈非百界一心，界界無非三業，界尚一念，三業豈殊？果用無虧，因必稱果。若信因果，方知三密有本，百界三業，俱空假中，故使稱宜遍赴為果，一一應色，一一言音，無不百界三業具足，化復作化，斯之謂歟。故一念凡心已有理性三密相海，一一塵報同在本理毘盧（盧）遮那❷。

此顯心色一如不謀而化，以身、口、意三輪施化眾生，而此三業不外乎一念，故一念凡心已有理性三密相海，一一塵報皆是毘盧遮那蓮華藏莊嚴世界海。以此顯示能化所化三業具足。

㈨權實不二門

權實不二門，乃是就說法妙而論，如〈十不二門〉云：

九、權實不二門者：平等大慧常鑑法界，亦由理性九權一實，實復九界，權亦復然。權實相冥，百界一念不可分別，任運常然，至果乃由契本一理，非權非實而權而實，此即如前心輪自在，致令心（身）口赴權實機，三業一念，無乖權實，不動而施，豈應隔異。對說即以權實立稱，在身即以真應為名，三業理同，權實冥合❷。

---

❷ 大正33・919中下。
❷ 大正33・919下。

由理具九權一實，以此權實二智說法化他。且由理具權實，故權實不二，權實相冥，則百界一念不可分別。百界一念雖不可分別而任運常然，此乃由契本一理故如此，亦即由達至果時，體證諸法非權非實而權而實，故能運用權實之法赴權實之機。由前門「三業不二門」得知，界界無非三業，三業不外一念，而此一念無乖權實，以此權實二法施化群生。之所以立權立實，乃就說法上而立，猶如依身立真應身，以此身口意三輪施化眾生，三業理同，故權實冥合。此皆由一念理具三業實權等法，故能以三業赴權實機說權實法。

㈩受潤不二門

受潤不二門，此明權實本具，隨緣而應機，如〈十不二門〉云：

> 十、受潤不二門者：物理本來性具權實，無始熏習，或實或權。權實由熏，理性平等，遇時成習，行願所資。若無本因，熏亦徒設。遇熏自異，非由性殊；性雖無殊，必藉幻發，幻機幻感幻應幻赴，能應所化並非權實，然由生具非權非實成權實機，佛亦果具非權非實為權實應。物機契應，身土無偏，同常寂光，無非法界。故知三千同在心地，與佛心地三千不殊❷❻。

此強調性具權實，若無此性具權實為本因，則無法受熏。雖性具權實，然權實須由熏而發。雖有幻機幻感等能應之權實

---

❷❻　同上。

機及幻應幻赴等所化之權實應，但此能化所化並非權實，即
由眾生本具非權非實故成權實機，諸佛果具非權非實故為權
實應。此皆由一念三千故如此，故眾生一念理具三千與諸佛
心地三千不殊。

由「受潤不二門」，得知雖有權實二門之機，感得權實
二門之應，受潤雖有權實之別，然其理性平等。皆因眾生理
具權實，隨緣受熏感得諸佛權實之應，而能化所化並非權實，
故成權實機應。

若綜合上述十門來加以分析，可得知此十門中，實以第
一門「色心不二門」為基礎，由此而成就內外不二、脩性不
二、因果不二、染淨不二、依正不二、自他不二、三業不二、
權實不二、利潤不二等餘九門，此可從每一門皆依於前門而
成就可得知❷。

此十不二門之基礎，根源於心性一理，亦即以理具三千
作為色心不二、內外不二，乃至受潤不二之立論基礎，此在
〈十不二門〉中，湛然已明示之，如其云：

> 故更以十門收攝十妙，……故此十門，不二為目，……
> 此下但直伸一理，使一部經旨皎在目前❷。

換言之，亦即以十門不二以顯一理，以一理以明不二。因此，

---

❷ 如於「內外不二門」中，於最後云：「此即用向色心不二門成」（大
正33・918下），於「脩性不二門」中，於後云：「此由內外不二門
成」（同前），其餘依此類推可得知。

❷ 大正33・918中。

吾人可由湛然於門門的論述中，得知其所要彰顯的一理，如第一門「色心不二門」中，將色心判屬為別，而統攝於一念中，此一念即是心性；乃至第十門「受潤不二門」中，直就「物理本來性具權實」來明受潤不二。

若了一念心性，一性無性，三千宛然，則知一念遍於己他生佛，由此一念三千性具而論自行因果化他能所之不二，如「色心不二門」中所說「但識一念遍見己他生佛」；「內外不二門」中云「心色體絕，唯一實性。無空假中，色心宛然，豁同真淨，無復眾生七方便異，不見國土淨穢差品，而帝網依正終自炳然。……十方諸佛法界有情性體無殊一切咸遍」；如「自他不二門」中，所謂「眾生由理具三千故能感，諸佛由三千理滿故能應」；如「受潤不二門」，所謂「然由生具非權非實成權實機，佛亦果具非權非實為權實應，物機契應，身土無偏，同常寂光，無非法界，故知三千同在心地，與佛心地三千不殊」。

諸如此類，吾人可以得知湛然由心性一理、理具三千，而論述自行因果、化他能所之不二。

因此，可言湛然〈十不二門〉無不彰顯一念三千之道理；反過來說，湛然於〈十不二門〉將一念三千之道理運用致極，於自行因果和化他能所上充分運用一念三千道理，將一念三千徹徹底底地運用於教和觀上，此乃〈十不二門〉之特色。

湛然立基於理具三千的模式來表達《法華玄義》跡門十妙之道理，此之表達方式與天台智者於跡門十妙之表達方式有何不同？湛然何以作如此之表達？其對往後又有何影響？以下針對這些問題來探討。

二、從《法華玄義》看〈十不二門〉

湛然以〈十不二門〉之十門不二，透過自行因果與化他能所精簡扼要地來把握《法華玄義》跡門十妙之內容，此為〈十不二門〉之特色。

《法華玄義》以「五重玄義」方式來闡述《法華經》之妙義❷，於釋名（解釋經題）中，以本跡二門來詮釋妙義，而跡門又以十妙（境、智、行、位、三法、感應、神通、說法、眷屬、功德利益妙）來論述之。此境智等十妙，顯示了自行化他之圓滿，湛然的〈十不二門〉即是以自行因果和化他能所來明跡門十妙，亦即是依跡門十妙而立十門不二，此十門與十妙雖非一對一之配屬（如「色心不二門」是依境妙而立，而「內外不二門」「脩性不二門」乃依智妙、行妙而立），然大體而言，皆沿自於跡門十妙而來，此在〈十不二門〉已有交代。

《法華玄義》在於顯示《妙法蓮華經》之妙義，以「破麤顯妙」之相待妙和「開麤顯妙」之絕待妙來闡述妙，對妙義的開顯，可說整部《法華玄義》之核心所在。在「境妙」中之十如是境，以三轉讀的方式來彰顯實相，亦即由空、假、中之「非一二三而一二三」之不縱不橫之關係來明實相❸；於十二因緣境中，以「即事顯理」方式說明十二因緣即是三

---

❷ 詳參見拙稿〈《妙法蓮華經》之妙義——就《法華玄義》而論〉。

❸ 參大正33・693中。
　　另可參見拙著《天台緣起中道實相論》第一章第三節，頁34～36。

因佛性是三德❸；於四諦境中，以「即事而中」顯無作四諦❷；於二諦境中，以「真即俗，俗即真」而顯圓教二諦義❸；於三諦境中，顯空、假、中任一法皆具足佛法❹；於一實諦中，直就一實諦而顯妙❺，若執此實，仍是麁法；於無諦中，直就不可說明妙❻。

　　從「境妙」諸境的論述中，可得知《法華玄義》乃就「即事顯理」「即事而中」而顯妙義，顯示「一切諸法莫不皆妙，一色一香無非中道」之道理❼，故透過相待妙、絕待妙來彰顯之。若將此「境妙」對比於湛然「色心不二門」來看，「色心不二門」所強調的在於「攝別入總，一切諸法無非心性，一性無性，三千宛然」❽，即是強調「一念心性三千宛然」，此在「內外不二門」中可得進一步之了解，如其云：「先了外色心，一念無念，唯內體三千，即空假中，是則外法全為心性，心性無外，攝無不周，十方諸佛法界有情性體無殊，一切咸遍」❾。由此可知，此二門皆強調心性為主，顯示心性體具三千遍攝一切。至「脩性不二門」，說明「性雖本爾」須「藉智起脩」之脩性關係，至「因果不二門」明因果泯而

---

❸　參大正33・700上。

❷　參大正33・701中。

❸　參大正33・703中。

❹　參大正33・705上。

❺　參大正33・705上。

❻　參大正33・705上中。

❼　大正33・690中。

❽　大正33・918中。

❾　大正33・918下。

理性亦亡，但基本上仍繞著性、理來論述自行因果。從第五門「染淨不二門」至第十門「受潤不二門」之化他能所，亦可說是繞著理具三千來發揮，如「染淨不二門」所言的「一理之內而分染淨」，「依正不二門」中的「但眾生在理，果雖未辦，一切莫非遮那妙境」，「自他不二門」中的「眾生由理具三千故能感，諸佛由三千理滿故能應」，諸如此類，皆說明了湛然〈十不二門〉以凸顯一理為核心，顯示理具三千與自行化他之關係。而天台透過空、假、中的辯證張力來表達實相，在湛然〈十不二門〉的詮釋中，已不見此辯證張力，是以理具的觀念來詮釋實相。尤其天台智者《摩訶止觀》所論述的一念三千，乃透過一念三千不可得不可思議及隨順因緣而說，來顯示即破即立、即立即破之即空即假即中的一境三諦、一心三觀等思想❹，而破斥地論師、攝論師之心具三千、緣具一切法的偏執，不論依法性言心具三千（如地論師）或依阿賴耶識言心造一切法，此在天台智者看來，皆是一種偏執，不論從橫求或縱求或亦縱亦橫或非縱非橫求三千皆不可得，乃至求一念亦不可得，由此可知一念與三千皆無自性皆不可得也，所有立說皆就因緣而立，豈可執以為實？以此遍破地論師、攝論師等之執著，顯示「一切即一、一即一切、非一非一切」之即空即假即中的道理，亦即以此說明一念與三千之不可分割不可思議，而非縱橫前後之關係❹。然在湛然的詮釋下，一念三千成了理具三千，而落入於縱橫之關係

---

❹　參見大正46・54上～55中。

❹　有關此部份之詳細論述，可參拙著《天台緣起中道實相論》第六章對一念三千之探討（頁309～327，東初出版，民84年6月，二刷）。

中，亦不離地論師攝論師心具三千緣具三千的模式，且以此理具三千為思想之核心，而非基於即空即假即中的辯證張力顯示一念三千。

　　湛然對天台智者思想的轉變，凸顯理具三千為核心觀念，此主要來自於華嚴思想的衝擊。在華嚴所強調的法法相互遍攝之下，湛然將天台的一念三千用來解釋理具，再延用華嚴法藏真如不變隨緣、隨緣不變的觀念來解釋理具三千與事造三千之關係❷。〈十不二門〉可說在此前提之下，依此構架來詮釋《法華玄義》跡門十妙，此可從〈十不二門〉所論述中得知。

　　湛然的此種轉向，宋代的天台大師們並未對此轉向提出反省，反而於此理具三千的模式下爭論理或事等問題。從另一層面來看，宋天台學之爭論，可說由理具思想所引發，因為凸顯一念理具三千，而有山外的唯心實相之說；同樣地，為凸顯一念理具三千以對抗山外的唯心實相，而有山家派知禮對「一念」為事為妄的強調。被貶為雜山外派的仁岳，後來雖對知禮所強調的理具三千提出反省，認為此乃依俗諦所立之法，從義亦基於此試圖推翻理具三千為天台核心思想之說，但仍未就湛然來加以反省，且在理的氛圍下，提出理亦是空亦是中，而非以空假中辯證張力來顯理。

三、對宋山家山外之影響

　　〈十不二門〉，對宋代天台宗大師們而言，是一部相當

---

❷　有關湛然理具思想之建構之時代背景，可參見本書第一章。

耳熟能詳且熱門的論著，此從所流傳下來對〈十不二門〉之
注疏諸論著中可得知，不論山家山外人物對〈十不二門〉都
相當重視，且加以注疏之，列舉如下：

1. 源清《法華十妙不二門示珠指》
2. 宗翌《註法華本跡十不二門》
3. 知禮《十不二門指要鈔》
4. 仁岳《十不二門文心解》
5. 處謙《法華玄記十不二門顯妙》
6. 了然《十不二門樞要》
7. 智圓《十不二門正義》
8. 從義《十不二門圓通記》

以上所列，後二種並未留傳下來。此外，亦有一些零星對〈十
不二門〉之論述，如可觀於《山家義苑》中，對〈十不二門〉
之「色心不二門」的「總別」問題提出探討。

從上述的這些論著中，可得知〈十不二門〉之名稱並沒
有統一，版本亦有所不同，此二者往往成為爭論之一，而引
發更大的爭論，乃在於對〈十不二門〉內容之詮釋，以下則
針對「色心不二門」內容詮釋觀點之不同來分析，至於餘九
門，則因篇幅之關係，而不再加以論述，且由「色心不二門」
即可窺知彼此觀點之不同。

此門引發最大的爭議，在於「總在一念」之「一念」的
解釋。此「一念」究竟是指理抑是事，或指真心抑是妄心，
在湛然的〈十不二門〉中，也許兩種意思皆有，若對照下文

來看，「總在一念，別分色心，……攝別入總，一切諸法無非心性」❹，可知其重點在於心性，由此心性顯示「不二」之道理，也合乎湛然撰〈十不二門〉乃為直申一理之所在。換言之，不論是將「一念」解釋為理或事，皆是可通的，無非就此一念來顯示心性，就事而論，由此當下一念攝色心等一切法，了知一念無體一性無性；若就理而論，一念即是指心性而言。且就〈十不二門〉的文脈及所要表達的意思來看，一念是就一念心性而言，是較為通順的，如「色心不二門」中所說的「攝別入總，一切諸法無非心性」、「當知心之色心，即心名變，變名為造，造謂體用」、「故知但識一念遍見己他生佛」等，無非皆在於由「一念」來顯示心性。

宋・源清、宗翌等山外人物，大多直就理來明一念，即就一念明理，以真性釋一念。山家所代表的人物——知禮，可說完全不同意此種解釋，撰《十不二門指要鈔》反駁此說，而視一念為事為妄心，亦即基於相對立的立場，以事來凸顯一念，完全否定山外之解釋。至於山外派是否純然如知禮所認為的視一念為理？或是就一念明理？這是值得進一步加以探討的。

源清於《法華十妙不二門示珠指》（以下簡稱為《示珠指》）中，已清楚地以「不二唯心實相」表達了〈十不二門〉之要義，如《示珠指》云：

> 初示不二唯心實相者，即示今經開權顯實，眾生一念心服真佛知見也。諸佛出世唯為此事，故欲令眾生了十法

---

❹　大正33・918中。

> 界皆是自心清淨知體妙圓覺性耳。夫十法界者，全即一
> 念，非謂前後相生，非謂色含內外，一一諸法當體真如，
> 豈是能知所知，知性即體，一切法趣色，是趣不過，色
> 即法界❹。

此明十法界不外乎一念，一一諸法當體真如，一切法即法界，
非單指一念為真性，而是包含了一切諸法無非是真性。若攝
諸法為一念，而一念當體叵得，如其云：

> 又此一念體常虛寂，非念趣為明，非無念為靜，念即無
> 念，當體叵得。諸法本來常寂滅相，更無能知異彼諸法，
> 全諸法而一念，而無無相，無相之相是真實，譬摩尼珠，
> 珠體圓淨❺。

又云：

> 當知！諸法不二唯心，唯心無相，具一切相❻。

此乃將諸法收攝為心，諸法不二，因心而有差別，然心體無
相，此無相之相即是真實，即是實相。因此，由掌握一念而
了解到不二唯心實相之道理，此為《示珠指》解釋〈十不二
門〉之重點，故以「珠」作為譬喻，以明法體圓妙如摩尼寶

---

❹　卍續藏100・54左上下（中國佛教會影印版）。

❺　同上，54左下。

❻　同上。

珠,而《示珠指》所要闡述的,即是直示此摩尼寶珠法體,亦即直就一念明法體,此頗能道出〈十不二門〉所要顯示之涵義。

除了以「不二唯心實相」明〈十不二門〉要義外,《示珠指》亦從「迷悟法界緣起」及「問答決疑」來論述,此二部份對一念心性皆有精采的探討,如從法住法位世間相常住而言,因迷悟而有法界緣起❹,對於真妄問題,認為乃是佛隨緣而說,不可定執,若佛直言法住法位世間相常住,則眾生仍沒於苦中無法度化,此為隨佛自意語圓頓乘,明一切諸法唯心法界非真非妄;若隨自他意語,分別染淨迷悟之差別,亦可就隨他意語而化度之,至法華而一一開顯之❹,此為法華妙之所在。

明瞭以上之道理後,吾人再回到源清對「總在一念」之解釋,《示珠指》云:

> 總者,一念也。一性即一念也。一念靈知性體常寂,故《涅槃》云:能觀心性名為上定❹。

在此似乎直就一性解釋一念,亦是直明一念心性,故言一念靈知性體常寂,能觀心性名為上定,就一念明心性,以心性為所觀。進而觀一性無性,了一念亦叵得,如《示珠指》云:

---

❹ 參卍續藏100・55右下～56右上。

❹ 同上,55左下～57右上。

❹ 同上,64左上。

無性，即一念叵得，故云：無也。又無自、他、共、無
因之四性也，經云：諸佛兩足尊知法常無性。今指一念
知性本來清淨不生不滅，是真無性，以此性令即十界色
心之法，故云三千宛然，是知一念三千世間相常也❺⓿。

由此可知，源清雖直就一性來明一念，但亦是直就一念而顯
心性，顯示一念叵得，一性無性之道理，故即十法界色心之
法，此即是釋〈十不二門〉的「一性無性，三千宛然」。因
此，吾人可以知源清對「總在一念」的解釋，實包含了雙層
涵義：㈠以一性釋一念；㈡即一念明心性。而為顯示意義之
便，故直就一性釋一念。

在宗翌《註法華本跡十不二門》（簡稱《註十不二門》）
中，並未明示一念為理或事，如其云：

今注曰：介爾起心三千性相，即非縱橫並別之旨，故曰
總在一念矣❺❶。

又如其對「一期縱橫不出一念即空假中」之「一念」的解釋，
其云：

不縱不橫不並不別❺❷。

---

❺⓿　同上，64左下。
❺❶　卍續藏100・74右上。
❺❷　同上，72右下。

由上述二段引文，可以看出宗翌對「一念」的解釋，是著重
在「不縱不橫不並不別」上來解釋一念，以此作為本跡妙不
思議一理，故以「一念圓持諸法曰總」解釋〈十不二門〉「攝
別入總」之「總」❸，而以「色即是心」釋「一性」❹，一
性無性，所以當體非色非心而色而心唯色唯心❺。雖如此，
吾人仍可以歸納出宗翌仍較著重就實相真心來明心（一
念）❻，亦即將「不縱不橫不並不別」之一念，視之為實相
真心。

　　知禮的《十不二門指要鈔》，是有感於源清的《示珠指》
和宗翌的《註十不二門》而作，亦即不同意源清和宗翌以真
性、真心解釋一念，故作《十不二門指要鈔》以釐清此等觀
念，此從《十不二門指要鈔》諸多處隱涉對源清、宗翌之批
評可得知，若配合可度的《十不二門指要鈔詳解》來了解，
更可以得知此內幕之情形，如《十不二門指要鈔》（以下簡
稱《指要鈔》）云：

---

❸　同上，75右上。

❹　同上。

❺　如《十不二門註》云：「一性者，色即是心也。一性亦無者，即當
　　非色非心」（卍續藏100・75右上），又對「三千宛然」以「而色而
　　心」釋之（同前）。另對於「心之色心，即心名變，變名為造，造
　　謂體用，是則非色非心，而色而心，唯色唯心，良由於此」，以空
　　假中三諦而釋之，其之解釋亦與前人有所不同，以中諦釋非色非心；
　　以俗諦釋而色而心；以真諦釋唯色唯心（參卍續藏100・75左上），
　　同時也對源清所解釋的變、造等提出批評（同前，75右下）。

❻　如《十不二門註》以「實相真心」釋「心之色心」之第一個「心」
　　字。

有人解今一念，云是真性，恐未稱文旨，⋯⋯；更有人全不許立陰界入等為所觀境，唯云不思議境。此之二師灼然違教❺。

在可度的《十不二門指要鈔詳解》（以下簡稱《詳解》）對此段文字解釋云：

敍破清（指源清）、昱（昱，指宗昱）二師觀真棄陰。初云：是真性，是清師；次不許立陰，天台昱師也❸。

而在《指要鈔》敍文中，即已說明了對源清、宗昱所注釋〈十不二門〉之不滿，如敍文云：

十不二門者，本出《釋籤》，豈須鈔解？！但斯宗講者，或示（指《示珠指》）或註（指《註十不二門》）著述云云，而事理未明，解行無託，荊谿（溪）妙解翻隱於時，天台圓宗罔益于物❺。

此顯示了知禮對源清、宗昱所注疏〈十不二門〉之極不滿，認為事理未明，解行無託，《詳解》對此段加以說明，其云：

答出山外著述之謬，雖非山家正說，亦稟學台教，故云：

---

❺　大正46・706中下。

❸　卍續藏100・64左下。

❺　大正46・705上。

斯宗講者。「或示」，奉先清師《示珠指》也；「或註」，天台昱師《註十不二門》。……忠（指繼忠）法師曰：吾祖法智尊者始因錢塘奉先清師製《示珠指》解十不二門總在一念之文為真心，別分色心為俗諦，改造謂體用，為造謂體同，凡改二十來字。天台昱師《註十不二門》立唯觀不思議境，消一念三千唯色唯心之文為真諦，法智愍而救之，所以《指要》之所由作也❻。

此顯示了《指要鈔》之所以作之所在，而可度所引用資料大多採自於繼忠所整理下來的資料❻。

　　知禮《指要鈔》之作，主要仍對「一念」而來，指出介爾之心為事理解行之要，故以「指要」為名❻，藉以釐清源清和宗翌以理以真心解一念之不當。而知禮對於「一念」的解釋又是如何？是相對於源清、宗翌的理、真心，以事、妄心來解釋之，亦即為了凸顯一念不同於山外的理、真心，而強調一念為事為妄，此從《指要鈔》對一念之論述可得知，如其云：

　　又雖諸法皆具三千，今為易成妙解妙觀故，的指一念即三法，妙中特取心法也。應知心法就迷就事而辨❻。

❻　卍續藏100・54左下。
❻　可度所參考引用的資料，大多沿自於繼忠對山家山外資料的整理，此從《詳解》多次提到繼忠可得知。
❻　如《指要鈔》敘文云：「命為《指要鈔》焉，蓋指介爾之心為事理解行之要也。」（大正46・705上）
❻　大正46・706中。

又云：

> 前約諸法不失自體為別，今明諸法同趣剎那為總。終日
> 不失，終日同趣。性具諸法，總別相收；緣起諸法，總
> 別亦爾，非謂約事論別，以理為總。又復應知，若事若
> 理，皆以事中一念為總，以眾生在事未悟理，故以依陰
> 心顯妙理故❻。

由上二段引文中，得知知禮是就剎那之一念來解釋〈十不二
門〉「總在一念」之涵義，且強調此一念是就迷就事而論。換
言之，就「別」論諸法，分為色心；就「總」論諸法，則攝
色法於心法上。故知禮強調此一念是就「事」而論，以此反
駁山外以「理」釋總在一念。所以，知禮認為是依眾生迷中
之事之陰心顯妙理。

　　知禮以事中剎那陰心來解釋一念，基本上並沒有違背湛
然「總在一念」之涵義，依此事中一念來開顯妙理。除了此
一層涵義之外，湛然的「總在一念」亦有另一層涵義，即以
理釋一念（如前所釋）。若斷然只站在「事」「迷」來論一念，
未免是另種偏；而以此硬將山外之解釋「總在一念」視為理，
恐亦非對山外如實之理解。

　　知禮對山外此等之批評是否有效，前面已明之。後來仁
岳《十不二門文心解》、處謙《法華玄記十不二門顯妙》、了
然《十不二門樞要》對「一念」的解釋，仍是以理、真心來
顯示一念之義，並未依知禮的迷及事來解一心，尤其從知禮

❻　大正46・708中下。

的高徒仁岳《十不二門文心解》（以下簡稱《文心解》）對一
念的解釋，可看出其對知禮所解一念之不滿，亦不滿於源清、
宗翌偏指清淨真如為一念（其對源清、宗翌之了解，大多受
知禮之影響），由此可看出仁岳對以偏事偏理來解釋「總在
一念」之不滿，而以即事顯理釋一念，如《文心解》云：

> 色心萬法通論其理，一一法體無非是總。以由別相，唯
> 心所生，如枝派（脈）之有根源，故的指一念而為總
> 也[65]。

此乃就法體釋「總」，明一一法體無非是總，而為何特舉一念
來說明法體呢？依仁岳的看法，一切法唯心所生，故的指一
念而為總。因此，可以看出仁岳對「總在一念」的解釋，是
就心性法體來明之，此不同於知禮之看法。而此法體乃是即
事而顯，如仁岳釋「觀心乃是教行樞機」之「觀心」時，說
道：

> 觀者，圓修三觀；心者，通指四陰[66]，……應知理性如
> 火，四陰如燧，三觀如鑽火，非燧而無寄，燧非鑽而不
> 燃，故理無所存，偏在於事，即事顯理者，其唯觀心
> 乎[67]！

---

[65] 卍續藏100・89右下。

[66] 依《摩訶止觀》所述，觀心之心，是特指識陰，而置受、想、行等
三陰及色陰於一旁（大正46・54上中），若泛稱而言，如仁岳所說
明是通指四陰為心。

[67] 卍續藏100・86右下～86左上。

在此仁岳以火、燧、鑽火來比喻理性、心、三觀之關係，若無燧（心）則火（理）無寄，然燧（心）非鑽（三觀）則不燃，此喻說明理無事則無所存，故理徧在諸事，即事顯理，而此即事顯理須以三觀而顯之。在此，仁岳所要強調的，是不能捨事求理，應即事顯理。此解釋有別於知禮以迷以事釋「總在一念」，亦略別於源清、宗翌太過於直以理釋一念。但大體而言，仁岳的解釋較接近源清、宗翌之看法。

另外，仁岳對以「攝十妙為觀法體」，認為十妙所詮不外乎一念三千❻，亦即是以一念三千來釋理，成為所謂的心性本具三千❻，此乃承湛然之解釋而來。

處謙《法華玄記十不二門顯妙》（以下簡稱《顯妙》）之作，乃有感於舊解不詳，各執所是，落於繁瑣中，故專取文旨顯妙而作《顯妙》，如《顯妙》序文云：

> 吾祖（指天台智者）親承斯旨，九旬敷唱，允叶聖心。洎荊溪記之，尚患十妙文繁，觀道難通，於是攝乎妙旨，十門點示，意深言遠，文而雖迀，舊解不詳，各固所是，

---

❻ 如《文心解》云：「十妙之法，唯極果之所究盡，若不用為觀體，於己徒施。觀體者何？即下文一念三千等是。」（同上，87右上）。

❻ 如《文心解》云：「一念者，能造之心也；三千世間者，所造之法也。在理則心性本具，在事則因緣所生。即空，故一相不存；即假，故諸法皆立；即中，故妙絕無寄。此三即一，體不可分也；即一而三，相不可混也。三皆名諦，為不可思議境；全境發觀為不可思議智。雖發觀之始，皆依王數，苟順凡情，尚無並慮，何三千之可具乎？！今反常情，方合妙理。介爾有心，心體即具，具即是假，假即空中，妙法之門不遠而入矣。」（同上，87左上）由此也可以看出，仁岳對觀法的看法，乃是由介爾一念而入，以反常情合妙理來觀。

> 繁於異論，雜乎粹旨。余不揆疎昧，深所惜哉，故特遵
> 先範，去諸異同，專取文旨，再為注解，目為《顯妙》，
> 且符記主（湛然）之意也❼。

此即是以直申一理的方式來顯示經旨，而不同於舊解繁於異
論。因此，從《顯妙》中，吾人可以看出其解釋之簡潔，直
扣緊〈十不二門〉之義理來闡述，如其釋「總在一念，別分
色心」云：

> 色心一門，從境妙立，境有七科，法相甚廣，今以色心
> 然（統）而攝之。攝之之相，下文可見。分色心者，不
> 二而二，妄之境也；其體一者，二即不二，妙之門也。
> 故以總別斷盡十門二不二相，使麤妙照著，門旨不壅，
> 是知境妙不二之門，在乎一念，色心體一，得此之門，
> 實乘即乘，道場而至。此一既爾，下之九門觸類而達❽。

此釋「色心不二門」，以不二而二明色心；以二而不二明色心
體一，而直就不二、體一釋「總在一念」，故云「是知境妙不
二之門，在乎一念」，若能掌握此一念心性（不二門），即是
乘實乘至道場。「色心不二門」一門如此，其於九門亦復如此
類通。

至南宋・了然《十不二門樞要》（以下簡稱《樞要》），則
視湛然〈十不二門〉之作，乃在於「觀心」，如《樞要》序

---

❼ 卍續藏100・102右上。
❽ 同上，103左下。

文云：

> 十不二門解釋而眾者，安不由文，以意為主，悟意不佯，
> 文隨意變，故諸先達不克自默，今亦然也。十門之作，
> 正為于觀，故曰：觀心乃是教行樞機，輒以「樞要」名
> 云❼。

此首先明前人有關種種〈十不二門〉之注疏，乃因於〈十不
二門〉以意為主，故有種種不同之注疏，此也是對前人注疏
〈十不二門〉所作之總結，亦是明了然自己何以作《樞要》
之所在。另從序文中，了然對於〈十不二門〉的看法，基本
上是由觀法來切入。

　　了然認為〈十不二門〉所申論的，在於成就觀法，如《樞
要》云：

> 今所申者，為成觀故，即不二理成不二觀；以不二觀申
> 不二理。理既不二，故云一理，即是經旨。……而此一
> 理即我當念❼。

此顯示以「不二」之理成就不二之觀；亦由不二之觀申不二
之理。在此，了然將〈十不二門〉之旨要作了徹底地詮釋，
使〈十不二門〉所要表達的一部經旨十妙要義及觀心法門，
得到充分地發揮。簡言之，即以一理為十妙之大綱，以一理

為觀法之大體，而此一理即我當下一念，由此成就觀法，開顯十妙大綱。

　　因此，吾人可得知了然是將「一理」與「一念」相結合，一理不離當下一念，當下一念（妄念）全即是理，此一念乃是色心不二之心，而非色心相對之心，如《樞要》釋「總在一念」云：

> 問：總在一念，念即是心，何不名別？
> 答：總在一念之心，乃是色心不二之心，蓋非對色辯心之心，豈可得名為別❼。

　　雖然如此，對一念事理總別的關係，《樞要》以六義來加以分別論述之，如其云：

> 然此總別，若通途泛示，凡有其六義：一者事總事理別，如云：「總在一念」，即事總也，「別分色心」，既該理性色心事造色心，故事理別也。二者理總事理別，如云：「一切諸法無非心性」，心性即理總也，一切諸法即指向文別分色心，既向色心，有理有事，故事理別也。三者理總理別，如云：「心之色心」，上之心字即理總也，下色心字即理別也。四者事總事別，如云：「即心名變」，心即事總，變即事別。五事總理別，亦可心之色心，上之心字推功雖理，就法即是凡夫一念，亦事總也；下色心字即理別也。六理總事別，亦可即心名變，心之一字，

---

❼ 同上，113左下～114右上。

就近而指雖是妄心，推功而論，由心是性，即性名變，全體為用，故即心字乃是理總，變即事別。通途泛示雖有此六，若剋法體，以理為總，以事為別❼。

引文中之事理總別六種，歸納如下：

1. 事總 —— 總在一念

　　事理別 —— 別分色心

2. 理總 —— 一切諸法無非心性

　　事理別 —— 一切諸法

3. 理總 —— 心之色心（第一個心字）

　　理別 —— 心之色心

4. 事總 —— 即心名變，心為事總

　　事別 —— 即心名變，變為事別

5. 事總 —— 心之色心，心雖為理，就法即是凡夫一念

　　理別 —— 心之色心

6. 理總 —— 即心名變，此心雖妄，推功而論，乃為性也

　　事別 —— 即心為變，變為事別

從以上的六種事理總別來看，可看出了然以「總在一念」為事；以「攝別入總，一切諸法無非心性」為理。至於「心之色心」與「即心名變」之解釋則較為複雜，依第三、四種的解釋，「心之色心」為理，「即心名變」為事。然「心之色心」，基本上是不離凡夫一念的，故此心亦是事（如第五種所釋）；又如「即心名變」，此心雖是事是妄，但推功而論，亦是理也。因此，可知「心之色心」與「即心名變」之「心」

的複雜性，此「心」即是理亦是事；即是事亦是理，顯示了事與理之間的不可分割性。雖如此，了然認為「若尅法體，以理為總，以事為別。」

由上述宋山家山外對〈十不二門〉的注疏中，可得知整個問題的核心，乃是圍繞在理事的問題上來探討。由此亦可得知，天台思想至唐宋時，已由辯證張力所彰顯的實相論轉向為理事問題，亦可說因湛然理具唯心（唯色）思想的強調，使得山家山外對於一念之理事的把捉上發生紛歧，而關鍵在於一念三千，湛然將之解釋為理具三千、事造三千，由此埋下了山家山外於理事把握之不同，至於孰是孰非已難定奪，而更重要的是唐宋天台學所表現的特質。從〈十不二門〉及其注疏中，的確看出此轉向。本文因篇幅關係雖只處理「色心不二門」，但餘九門可依此推之，皆不外乎圍繞著理事問題上。

結　語

從前述的探討中，吾人可得知，對湛然而言，其於〈十不二門〉之「色心不二門」中，對於「總在一念，別分色心」之「總在一念」的「一念」並沒有作明確的界說，就字面意思而言，「一念」也許只是單純剎那的一念，然以此「一念」所要表達的義涵來看，是〈十不二門〉所說的「攝別入總，一切諸法無非心性，一性無性，三千宛然」，由此段話來看，此是藉由「一念」來託顯心性之道理，由心性而了解到「一性無性」，進而了解到「三千宛然」，乃至「非色非心，而色

而心,唯色唯心」等之道理,此一切皆不外乎「一念」,由此「一念」入手,這也是為什麼源清的《示珠指》著重於「不二唯心實相」來開顯〈十不二門〉之道理,此也引發知禮的不滿,另著《十不二門指要鈔》來論破源清的解釋,而強調「一念」為事法為妄染,由此一念入手再觀其無性三千宛然等。由於知禮過度強調「一念」為事為妄,也引發了其高徒仁岳對此論點的駁斥。

對湛然而言,並沒有明確界定「一念」,也可能「一念」即是事,也是理。由於源清過於凸顯「理」的層面(唯心實相),導致知禮以凸顯「事」為主。但從某一層面來看,反而源清的立論較能表達〈十不二門〉之要旨。而仁岳的即事顯理之論點,不但化解了源清與知禮論點的對立,更能夠完整地顯示〈十不二門〉之旨趣。

但不論如何,由此所引發的論爭中,吾人可以看出問題的癥結,在於「理」,至於「一念」為理或為事或即理事,宋代諸大師們的看法彼此不同。湛然為收攝法華跡門十妙為觀法大體,故以十門「不二」而收攝之,此「不二」即是開權顯實之「二而不二」,換言之,〈十不二門〉是以顯「不二」為主,直申一理彰顯一部經旨,亦即是以「不二」來收攝法華跡門十妙,以「不二」為十妙大綱。

湛然如此以「不二」表達法華經旨,且試圖結合觀心,故於〈十不二門〉之第一「色心不二門」中,以「一念」為總,攝一切諸法,且以「一念」來顯示「一性無性,三千宛然」之道理。因此整個焦點可說置於「一念」上(若由「色心不二」來看,一念如此,色法等亦應如此,由於為凸顯觀

心，故不得如此）。　掌握了一念境妙之道理，進而於第二「內外不二門」中，以內外為所觀境，外，指色心等法，了外色心體絕；內，指一念心性，此一念心性攝無不周遍一切。至第三「脩性不二門」，即是依此一念心性，起脩照性，由性發脩。第四「因果不二門」，是以一念心具三軌為因，成就三涅槃為果，因果不二，始終理一，不外乎一念三千。自行如此，化他亦如此，故從第五門至第十門，即以一念三千來闡述化他之能所。

　　從〈十不二門〉的探討中，得知湛然以一念理具三千作為其〈十不二門〉之理論基礎，再由此理具思想來收攝《法華玄義》跡門十妙，作為十妙之大綱及觀法之大體。換言之，〈十不二門〉乃是對一念理具三千之闡述。至宋代，有關對〈十不二門〉所引發不同的看法，可說亦根源一念理具三千而來，究竟一念為事或為理，成為爭論的焦點，乃至後來仁岳、從義等亦對理具三千提出質疑❼。另外，亦由理具思想的「不變隨緣、隨緣不變」，知禮於《十不二門指要鈔》中提出「別理隨緣」的看法，引發了繼齊、元穎、子玄對此看法

❼　此可從仁岳〈三千書〉（保存在可觀《山家義苑》〈辨岳師三千書〉中，卍續藏101・183右上～184左上）可知，〈三千書〉主要強調理具三千乃是就俗諦之法而立，以此駁知禮對理具的看法。至神智從義時，更將天台實相分為性具門、性量門、性體門等三種，而認為性具門乃是假說，以推翻知禮的性具說（知禮以性具說為天台最高核心思想）（參見《摩訶止觀義例纂要》，卍續藏99・343左下；《三大部補注》，卍續藏99・74右下；詳參本書第七章〈神智從義對「具」的反思〉）。

的不滿，紛紛著書而反駁之❼，使得宋代天台學又捲入另場爭論中。

　　諸如此類，吾人可由〈十不二門〉及其諸注疏中，得知天台思想於唐宋時的發展演變，而其關鍵又在於一念三千，由一念三千發展成湛然的一念理具三千，再由此而引發了宋代天台學的爭論，近代對天台學的了解亦可說基於此而來，皆不外乎就一念理具三千（一念三千）來論天台思想。

　　因此，透過對湛然〈十不二門〉之探討，吾人可以很明顯地看出：天台智者《摩訶止觀》中的「一念三千」之辯證張力（或由空假中辯證張力所彰顯的一念三千）；至湛然時，已轉向為一念理具三千，以此理具思想為十妙之宗旨、觀法之大體，進而以此理具三千明自行因果和化他能所，換言之，自行上之色心、內外、性脩、因果和化他之染淨、依正、自他、三業、權實、受潤皆立基於理具三千之故，因理具三千故能成就自行因果，亦因理具三千故有化他能所之機應；至宋代，因理具一念問題引發了山家山外之爭論，究竟是直顯理具或由事顯理具，此成了山家山外論爭之焦點，主張一念為真為妄或為理為事，可說皆在理具的氛圍下所引發的問題。

---

❼　對於知禮的「別理隨緣」之說，首先有繼齊撰〈指濫〉評之，知禮對此又撰〈別理隨緣二十問〉（收在《四明尊者教行錄》大正46・874下～876下）駁之。接著，又有元穎撰〈徵決〉、子玄撰〈隨緣撲〉駁斥知禮。最後，仁岳撰〈十門析難〉反駁繼齊、元穎、子玄的看法，以辯護知禮的「別理隨緣」說（有關繼齊〈指濫〉、元穎〈徵決〉、子玄〈隨緣撲〉等資料，只有部份保存在〈十門析難〉中，卍續藏95・407右下～415左下）。

第三章　從觀心評天台山家山外之論爭

前　言

有關山家山外之論爭，基本上是來自於對《金光明經玄義》廣略本之看法不同而引發的問題，亦即對「觀心釋」不同見解而引發。依山外派晤恩之看法，認為廣本《金光明經玄義》「觀心釋」文中存在有許多問題，因而主張不具有「觀心釋」的略本《金光明經玄義》，　才是天台智者的著作，而廣本乃後人之添增，且作《金光明玄義發揮記》加以闡述之，其弟子源清、洪敏二人亦作《難詞二十條》輔助闡揚此說。因此，引發了山家派知禮的發難，作《金光明經玄義釋難扶宗記》加以聲討之，接著而展開山家山外一連串之論爭。

對山家山外這一段之論爭，可說中國佛教史上少見的自宗派論爭之情形。目前有關山家山外之研究，則偏重於資料的整理上，如淨心法師著〈天台山家山外論爭之研究〉，　或傾向知禮的觀點來探討此問題，本文則嘗試從反省批判的角度來探討，尤其就天台智者與湛然的思想來論述山家山外之論爭。

本文乃就「觀心」這一問題為著眼點，來處理山家山外之論爭，依筆者之見，山家山外之論爭，是由「觀心」這問

題所引發，且其論爭之核心問題亦在「觀心」上，其他問題幾乎皆圍繞著「觀心」而來。因此，本文針對觀心來探討山家山外之論爭，以下分三方面來進行：一、山家之基本立場。二、山外之基本立場。三、山家山外論爭之析評。

一、山家之基本立場

㈠對心的解說

1.心之特質

心，依知禮的看法，心具備事理兩重涵義，即心具備理具與事造之涵義，非但心如此，一切諸法亦皆具備事理兩重，然而事造中，心屬能造，造一切諸法，如《四明十義書》云：

> 具（且）如《止觀》（指《摩訶止觀》）去於丈尺，唯取
> 於寸，乃是於事造中，去其所造，取能造以為所觀境。
> 故云：伐樹得根，灸病得穴，乃是去其千枝百脈，唯取
> 一根一穴，立所觀境。故云：先重明境（指湛然《輔行》
> 之分判），故《扶宗》云：以一念識心為境也❶。

在此知禮以天台智者《摩訶止觀》所觀之一念心（識陰）為例❷，說明一念心為事造，且屬於事造中之能造，而以此一

---

❶ 大正46·835下。

❷ 如《摩訶止觀》云：「第一觀陰入界境者，謂五陰、十二入、十八

念心為觀不思議境之所觀境。因此，知禮在觀心上，特別強調入手處在識陰（心），依陰心顯妙理❸，以識陰為所觀境，而視十乘觀法之第一觀法——「觀不思議境」為能觀❹，此是將「觀不思議境」相對於識陰之所觀境而言，若相待於能觀智而言，觀不思議境則成為所觀境（此詳參下文第二項〈觀心〉所述）。

至於心具事理兩重，如知禮《十不二門指要鈔》卷上云：

> 應知圓家明理已具三千，而皆性不可變，約事乃論迷解真，似因果有殊❺。

又云：

> 今為易成觀故，故指一念心法為總。然此總別不可分，界也。……然界內外一切陰入，皆由心起，佛告比丘，一法攝一切法，所謂心是。《論》云：一切世間中俱有名與色，若欲如實觀，但當觀名色。心是惑本，其義如是，若欲觀察，須伐其根，如炙病得穴，今當去丈就尺，去尺就寸，置色等四陰，但觀識陰；識陰者，心是也。」（大正46・51下～52上中）此即確立陰入界境之所觀境，由五陰之識陰（即心）入手，即由寸入手，而「丈」是指十八界及十二入，「尺」是指五陰。如此確立所觀境之入手處後，再配以「十乘觀法」（指㈠觀不思議境、㈡起慈悲心、㈢巧安止觀、㈣破法遍、㈤識通塞、㈥修道品、㈦對治助開、㈧知次位、㈨能安忍、㈩無法愛，大正46・52中）來運作修觀行。

❸ 如《十不二門指要鈔》云：「又復應知，若事若理，皆以事中一念為總，以眾生在事未悟理，故以依陰心，顯妙理故。」（大正46・708下）

❹ 有關十乘觀法內容，請參❷。

❺ 大正46・708上。

> 對理事應知，理具三千，事用三千，各有總別，此兩相
> 即，方稱妙境❻。

又云：

> 又復應知，若事若理，皆以事中一念為總，以眾生在事
> 未悟理，故以依陰心，顯妙理故❼。

由上得知，不但說明心具事理，且理事各具三千，所謂：「理
具三千，事用三千」，此外，在觀心上，以事一念為總，而非
就理一心為觀，雖然理事本相融，然依知禮的看法，由於眾
生仍然迷在事中，故依事一心（陰心）來顯妙理。

除此之外，非但心具理事二重，色法亦具理事二重，乃
至眾生法佛法亦復如是，詳見下列之論述。

2.心佛眾生之關係

心法、佛法、眾生法，代表法之分類❽，而《華嚴經》
所謂的「心、佛及眾生，是三無差別」❾，知禮對此三者無

---

❻ 大正46・708中。

❼ 大正46・708下。

❽ 如《法華玄義》在解釋《妙法蓮華經》之「法」時，即以心法、佛
法、眾生法來加以說明（參見大正33・673）。

❾ 如六十卷《華嚴經》〈佛昇夜摩天宮自在品〉記載如來林菩薩偈頌，
所謂：「譬如工畫師，分布諸彩色，虛妄取異色，四大無差別。四
大非彩色，彩色非四大，不離四大體，而別有彩色。心非彩畫色，
彩畫色非心，離心無畫色，離畫色無心。……心如工畫師，畫種種

差別之解說，乃透過此三者皆具備理具事造來說明，如《十不二門指要鈔》云：

> （《華嚴經》）心如工畫師，造種種五陰，一切世間（界）中，無法而不造，如心佛亦爾，如佛眾生然，心佛及眾生，是三無差別。《輔行》（《摩訶止觀輔行傳弘決》之簡稱）釋云：心造有二種：一者約理，造即是具；二者約事，即三世變造等。心法既有二造，《經》以心例於佛，復以佛例於生，故云：如心佛亦爾，如佛眾生然。是則三法各具二造，方無差別❿。

上述引文中，知禮引用湛然《輔行》對心造之解釋，以理和事兩方面來解釋心造，理造指的是理具，事造即是三世變造等。除心具理具事造外，知禮以佛和眾生亦具理具事造，以此來說明《華嚴經》所謂的「心佛及眾生，是三無差別」之意。

因此，知禮對於心、佛及眾生三者之關係，基本是從此三者各具理具事造來闡述三無差別之關係，即心佛眾生皆各理具三千法（一切法），同樣地，亦皆各事造三千法（一切法）。推而廣之，法法皆是理具事造，非獨心法如此爾，故《十不二門指要鈔》引湛然《金剛錍》云：

> 故《金錍》云：真如是萬法，由隨緣故；萬法是真如，

五陰，一切世界中，無法而不造。如心佛亦爾，如佛眾生然，心佛及眾生，是三無差別。」（大正9・465下）

❿ 大正46・708下。另參《輔行》二造義（大正46・293上）。

由不變故❶。

接著知禮依此而說道：

> 故知若約萬法即理，則生佛依正俱理，皆不變故，何獨
> 心是理邪？若據眾生在事，則內外色心俱事，皆隨緣故，
> 何獨心非事耶❷？

此明顯地說明了，就理而言，無法不是理，就事而論，無法
非事，連心亦不例外。

(二)觀心

1.所觀境

　　修觀，知禮將之分為內觀和外觀，內觀指的是觀心，外
觀是指觀色聲等法。從上述中，吾人已知知禮之色心皆具理
事兩重，因此，在修觀上，色心皆可作為所觀之對象，即色
心皆為所觀境，如《四明十義書》云：

> 若依實教修觀行者，必須於事解理，以理攝事。故了萬
> 法唯心，亦了萬法唯色，萬法唯聲、唯香、唯味、唯觸
> 等❸。

---

❶　大正46・709上。《金錍》部份，大正46・706上。

❷　同上。

❸　大正46・836中下。

又云：

> 故修內觀時，先用圓解，攬於萬法，唯我內心，然後專
> 於內心，而觀諸法。若宜修外觀者，亦須攬萬法唯一色
> 等，然後專於一境，而觀諸法。故觀內心，則一切法趣
> 心；若觀外色，則一切法趣色，是則只一非內非外之三
> 千，隨乎觀慧，趣內趣外不同⓮。

此即就心色等法而論所觀境，而分內觀與外觀。

　　然不論內觀或外觀，依知禮的看法，皆須由妄入手，觀
妄顯真，如《四明十義書》云：

> 故知內外二觀，皆是觀妄顯真。若修內觀，觀六識之妄
> 心，成三諦之真心。若修外觀，須觀妄色成真色也⓯。

同樣地，心佛眾生三者，若配以內觀和外觀，則心法屬內觀，
佛和眾生法為外觀，就佛眾生法而言，仍須就妄顯真，如《四
明十義書》云：

> 若眾生諸佛為外境，則觀眾生陰入色心，成真淨色心也；
> 諸佛雖離陰入，行人所觀，須將應身色心為境，故《輔
> 行》云：聖人變化所造，亦令眾生變心所見，……故應
> 佛色心，既為行者所觀，乃是感應共造，故約感邊，亦

⓮　大正46・836下。

⓯　大正46・847下。

得外陰入法也，豈非觀妄顯真耶❶？

此明連佛色心，就應而言，仍是陰入妄法，強調觀妄顯真。簡言之，知禮所強調的，不論觀心或觀佛眾生法，皆須由妄顯真。此埋下了與山外見解之不同。

本文所處理的，乃是就觀心而論，依知禮看法，即是就「事」就「迷」而論觀心，非就「理」或心性談觀心。至於如何觀心，於下文探討之。

2.觀法

(1)兩重能所觀

對於觀法，除了上述對於所觀境之確立外，知禮更進一步提出所謂的「兩重能所觀」，對於所觀境、觀不思議境與觀不思議智三者作更清楚之確定。所謂兩重能所觀，依知禮的解釋，就不思議境與不思議智而言，不思議境為「所」，不思議智為「能」；然若相對於一念妄心而言，則一念妄心則為「所」（所觀境），而不思議境與不思議智則為「能」（能觀智），如此則形成所謂兩重能所之關係，如《十不二門指要鈔》云：

> 應知不思議境對觀智邊，不分而分，名所觀境；若對所破陰等諸境，故不思議境之與觀（智），皆名能觀❶。

---

❶　同上。

❶　大正46・706下。

此外，知禮更就譬喻以明，如其云：

> 今更自立一譬，雙明兩重能所，如器，諸淳朴豈單用槌
> 而無砧邪？故知槌砧自分能所，若望淳朴皆屬能也[18]。

於此知禮即就淳朴、槌、砧三者之譬喻，來說明兩重能所之
關係，即以槌為不思議觀，以砧為不思議境，淳朴為一念妄
心，其關係如下圖表所示：

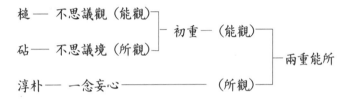

(2)二種觀法

　　明瞭上述之能觀與所觀之兩重能所之關係後，知禮對於
觀心之法，提出唯識觀與實相觀兩種觀法，如《十不二門指
要鈔》云：

> 況復觀心自具二種（觀法），即唯識觀及實相觀[19]。

又云：

---

[18]　同上。
[19]　大正46・709上。

又此內觀含於唯識、實相兩觀之義❷。

所謂「唯識觀」與「實相觀」基本上來自《占察善惡業報經》之兩種觀道，即唯心識觀與真如實觀❷。

而如何運用此兩種觀法，知禮於《十不二門指要鈔》中作如是說明，其云：

> 初心行人欲依內心修觀，先須妙解，了達外法唯一念造，此能造念，本無念性，能造既無，所造安有？外法既虛，唯有內體三千實性，如是解矣，方依內心修乎三觀❷。

首先，知禮提出須先妙解，了達外法唯一念造，進而了達能造之一念本無念性，而能造既無，故所造亦無，此即先經由妙解了達萬法唯心，進而觀心，以三觀觀之，又如《四明十義書》云：

> 故修內觀時，先用圓解，攬於萬法，唯我內心，然後專於內心，而觀諸法❷。

---

❷ 大正46・712下。

❷ 如《占察經》云：「若欲依一實境界修信解者，應當學習二種觀道，何等為二？一者唯心識觀、二者真如實觀。」（大正17・908上）湛然《止觀義例》引用此經，言「《占察經》云：觀有二種，一者唯識，二者實相，實相觀理，唯識歷事」（大正46・452上），可知知禮依此而來。

❷ 大正46・712中。

❷ 大正46・836下。

因此，吾人可了解知禮之觀法，是先解後觀。如何起觀？基本上是由空、假、中三觀觀之，如《四明十義書》云：

> 若約識唯識，攬外向內，令觀內識，皆是一識，識既空已，十界皆空；識若假者，十界皆假；識若中者，十界皆中❷。

若將空、假、中運用於唯識觀與實相觀中，實相觀乃於識心，體其本寂，三千宛然，即空即假即中，唯識觀乃照於起心變照十界，皆即空即假即中。

唯識觀基本上是就「事」而觀，實相觀乃就「理」而觀❷，不管就理或事，皆即空即假即中。因此，吾人可以言此二種觀法，實際上指的是理觀與事觀，如湛然《止觀義例》云：

> 觀有二種，一者唯識、二者實相。實相觀理，唯識歷事❷。

然知禮的理觀，非直就理而觀，而是仍須由識心（妄心）入，配合十乘觀法，入內凡外凡位，登於初住，才是理觀，如《四明十義書》云：

> 以彼《止觀》（指《摩訶止觀》）揀示識心，觀三千法，

---

❷　大正46・836下～837上。

❷　參❷，湛然《止觀義例》對二種觀法與理事之關係。

❷　大正46・452上。

十法成乘策進行人，入內外凡，登於初住，方是理觀❷。

總之，知禮將觀法分為內觀與外觀，而內觀外觀又各有唯識觀與實相觀，如此再配以兩重能所來觀之，方是理觀。

(三)理論依據

與觀心有密切關係的，乃是其理論依據，依知禮的看法，圓教教理須談「性具」（理具），否則隨緣與不隨緣皆屬別教義，且認為天台與別家之不同，在於性具惡，即理壽性惡，如《十不二門指要鈔》云：

> 應知今家明即永異諸師，以非二物相合，及非背面相翻，直須當體全是，方名為即。何者？煩惱生死既是修惡，全體即是性惡法門，故不須斷除及翻轉也。諸家不明性惡，遂須翻惡為善，斷惡證善，故極頓者（指禪宗）仍云：本無惡，元是善。既不能全惡是惡，故皆即義不成❷。

此即透過性惡來顯示天台與他家「即」義之不同，依知禮的看法，自家的「即」義，是當體即是，非二物相合，非背面相翻。此當體即是，是煩惱生死既是修惡，而其全體即是性惡，故不須斷除煩惱，亦不須翻轉煩惱。

對知禮以性惡來說明「即」，豈不成了「煩惱即煩惱」，

---

❷ 大正46・833上。

❷ 大正46・707上中。

如何是「煩惱即菩提」呢？對此知禮加以解釋，認為由性惡
融通寂滅，則自受菩提涅槃之名，如《十不二門指要鈔》云：

> （問）第七記（指《輔行》第七卷）云：忽都未聞性惡
> 之名，安能信有性德之行？若爾，何不云煩惱即煩惱等，
> 而云菩提涅槃邪？
> 答：實非別指，指由性惡融通寂滅，自受菩提涅槃之名，
> 蓋從勝立也㉙。

此外，知禮在〈釋《請觀音疏》中消伏三用〉中解釋「理
性之毒」（簡稱理毒）時，即以具不具來加以分判是否即理，
如其云：

> 法界是所迷之理，無礙是受熏之德，所迷本淨故無染，
> 受熏變造故而染，全三德而成三障，故曰即理性之毒㉚。

此即對《請觀音疏》中的「法界無礙（閡），　無染而染，即
理性之毒」㉛所作的解釋，接著知禮認為此「即理性之毒」
的「即理」意思不明，須以具不具作說明，如其云：

> 然即理之談，難得其意，須以具不具簡，方見即不即殊，

㉙　大正46・707上中。
㉚　此收錄在《四明尊者教行錄》卷第二（大正46・872中下）。
㉛　智者《請觀音疏》原文是「法界無閡，無染而染，即理性之毒也」
　　（大正39・968上），為便於順知禮之解釋，故行文中以知禮所引用
　　疏文（參大正46・872上）。

> 何者？若所迷法界不具三障，染故有於三障，縱說一性
> 隨緣，亦乃惑染自住，毒害有作，以反本時，三障須破，
> 即義不成，不名即理性之毒，屬前別教等，名為行毒也。
> 若所迷法界本具三障，染故現於三障，此則惑染依他，
> 毒害無作，以復本時，染毒宛然，方成即義，是故名為
> 即理性之毒，的屬圓教也❷。

就知禮此段之解說，吾人可以很清楚了解知禮是以「具」(如
法界本具三障)來凸顯「即」義，認為法界本具三障，以此
本具作為惑染之所依，成為知禮所謂的圓教即義。對知禮之
解說，智圓作《請觀音疏闡義鈔》加以反駁❸，而知禮亦撰
〈對《闡義鈔》辨三用一十九問〉回覆❹，在此回答中，仍
可看出知禮一貫之立場，強調理毒即性惡❺。

　　知禮如此為了凸顯自家圓教義，特別強調性具性惡，故
以「具」「性惡」解釋理毒，而可能成為「毒義雖成，消義
全闕」之情形。另其在「即」字大作文章，恐非《請觀音疏》
之義❻，知禮之如此強調「即」，無非為「具」鋪路，其重點
乃在於「具」與「性惡」之開顯。

---

❷　大正46・872中下。

❸　參大正39・978中。另亦可參〈對《闡義鈔》辨三用一十九問〉之
　　第九問（大正46・873下）。

❹　收錄在《四明尊者教行錄》卷第二（大正46・873上～874中）。

❺　參大正46・873中～874中。

❻　如「法界無礙，無染而染，即理性之毒」，依知禮的理解，成為「法
　　界無礙無染而染，曰即理性之毒」（參大正46・872下），凸顯「即
　　理性之毒」的「即」。

由上所述，可知知禮整個理論之依據，在於「性具」，更確切地說，在於「性惡」，以此來表達圓教教義，作為與其他教派之差別。同樣地，將此理論運用在觀心上，成為一念妄心性本具，故須就迷就事而觀。

二、山外之基本立場

㈠對心的解說

1.心之特質

研究山外，首先面對的困難，是留存下來的資料十分有限**❸**，吾人僅能就這些有限資料來加以研究，而將保存在山家文獻所引用到山外的資料僅供第二手之參考用，在本文最後中亦會對知禮所理解下的山外加以批判。

由於山外資料不足，以下僅就源清《法華十妙不二門示珠指》（簡稱《示珠指》）、宗翌《註法華本跡十不二門》（簡稱《註十不二門》）、智圓《金剛錍顯性錄》等來作探討。另被視為後山外派的仁岳（淨覺）所撰《十不二門文心解》，亦可列入為山外派之觀點來討論。

---

❸ 有關山外資料，大多沒有留傳下來，如晤恩《金光明經玄義發揮記》、源清與洪敏〈難詞二十條〉、慶昭與智圓〈辨訛〉、〈答疑書〉、〈五義書〉、〈釋難書〉等，皆只零星地保留在山家派文獻中，其中以〈難詞二十條〉稍較完整。目前吾人可用資料，乃是山外有關〈十不二門〉注疏方面的資料，尤其是源清的《十不二門示珠指》，其他如智圓的著作亦可提供一些線索。

　　心，對山外而言，屬理具事造，且是能造，一切諸法為
心所造，尤其對心之闡述，集中在心性上，這可能山外所著
乃湛然〈十不二門〉與《金剛錍》皆在一念心或心性之關係，
真正表達湛然所要強調的唯心與心性，如〈十不二門〉云：

> 故攝十妙為觀法體❸。
> 故更以十門收攝十妙，……此下但直申一理，使一部經
> 旨皎在目前❹。

此顯示了湛然撰〈十不二門〉之用意，在於法體、一理，以
此來顯示不二，即一理乃不二之基礎。故在論述「色心不二
門」時，就直接以「一念」「心性」來表達，如其云：

> 總在一念，別分色心。……既知別矣，攝別入總，一切
> 諸法無非心性，一性無性，三千宛然，當知心之色心，
> 即心名變，變名為造，造謂體用，是則非色非心，而色
> 而心。唯色唯心，良由於此。故知但識一念，遍見己他
> 生佛，他生他佛尚與心同，況己心生佛寧乖一念❹。

所謂總在一念，是指就心而言，一切法唯心，不外此一念，
而一念又代表心性，唯心基礎在於心性，一性無性，三千宛
然。同樣地，唯色、唯香、……，無不基於一性無性而言。

---

❸　大正46・702下。
❹　大正46・703上。
❹　同上。

此在在顯示湛然以性以理來闡述十妙之道理，尤其扣緊一念心性來發揮。因此，山外也自然順此一念心性來闡述之。此表現在源清、宗翌、智圓等皆如此，以下依此諸人論述來說明。

源清於《示珠指》中，直就「不二唯心實相」來闡述十不二門之要旨，即扣緊唯心來論述心性，簡單地說，是就「體」（性）來連結一念與三千法（一切法），如《示珠指》云：

> 夫十法界者，全即一念。非謂前後相生，非謂色含內外，一一諸法當體真如，豈是能知所知？知性即體，一切法趣色，是趣不過，色即法界，法界唯心。一切法趣香，乃至相、性、體、力、作、因、緣、果、報、本末究竟等，皆即法界，一一法界，法即一念真如妙體。又此一念體常虛寂，非念趣為明，非無念為靜，念即無念，當體叵得。諸法本來常寂滅相，更無能知異彼諸法，全諸法而一念，而無無相，無相之相是真實。譬摩尼珠，珠體圓淨，全珠非色是瑩徹空，全瑩徹空是摩尼色，隨意能雨種種眾寶，實非內有，亦非外來，是珠體妙具一切寶。……當知諸法不二唯心，唯心無相，具一切相❹。

此顯示了「一一諸法當體真如」，以此說明法界全即一念，一切法趣色，是趣不過。色即法界，法界唯心，而唯心無相，具一切相。

唯心一念，源清以此作為性體之說明，因此，唯心具二

---

❹　卍續藏100・108下（新文豐出版公司影印版）。

種涵義：㈠諸法唯心造、㈡心性徧攝諸法。

就宗翌而言，萬法唯心，萬法亦唯色，心性色性平等不二，皆是實相實心，如其對〈十不二門〉之「一切諸法無非心性」所作之解釋：

> 即當萬法唯心。既其唯心，亦其唯色**❷**。

此外，宗翌以「實相實心」來解釋〈十不二門〉「當知心之色心」之第一個「心」字**❸**，此心即是總，即是心性，亦即是實相真心。

就孤山智圓而言，其亦撰《十不二門正義》**❹**，但此書已佚失，故此處就其著《金剛錍顯性錄》來探討對心的看法。依智圓的看法，心是妄心，亦即是佛性妙理，如《金剛錍顯性錄》論述「體」時，即就剎那一念妄心來加以說明，如其云：

> 二、佛性為體：體者，主質為義，三德佛性為論主質，而此佛性即五陰，是陰不出色心，色從心造，全體是心，此之能造具足諸法，所以唯指剎那妄心，即是佛性妙理，遍攝一切，不隔無情，即今論正體也。欲令顯了，三義明之，一、種性；二、體量；三、體德。種性者，三障

---

❷ 參《註十不二門》（卍續藏100・149上）。

❸ 同上，149下。

❹ 在可度的《十不二門指要鈔詳解》中多處提及孤山智圓撰的《正義》，且撰述年代是祥符四年（1011），在知禮《指要鈔》之後（卍續藏100・308下）。

即三德，障即德種，如波為水種，水即波性，故名種性；
體量者，謂此心性非內外，徧虛空同諸佛等法界，……；
體德者，謂此徧性具諸佛一身，一身一切身❹。

由此所示，即妄心明心性明體，且心性徧虛空同諸佛等法界，
又性具諸佛一身一切身。

　　仁岳對心之看法，認為心為能造，其理本具，如《十不
二門文心解》云：

　　一念者，能造之心也。三千世間者，所造之法也。在理
　　則心性本具，在事則因緣所生，即空故，一相不存；即
　　假故，諸法皆立；即中故，妙絕無寄。此三即一，體不
　　可分也，即一而三，相不可混也。三（指空、假、中）
　　皆名諦，為不思議境，全境發觀為不思議智，雖發觀之
　　始，皆依王數，苟順凡情，尚無並慮，何三千之可具乎？
　　今反常情，方合妙理，介爾有心，心體即具，具即是假，
　　假即空中，妙法之門不遠而入矣❹。

此段除了說明心能造，心性本具三千外，亦就空、假、中說
明一念三千，且強調此一念乃介爾一念心（心王心數）。

　　另就理而言，色心萬法無不是理，然萬法唯心，就心而
言，以心為萬法之根源，如《十不二門文心解》對「一念」
之解釋，其云：

────────────

❹　卍續藏100・500上下。
❹　卍續藏100・174上。

色心萬法通論其理，一一法體無非是總。以由別相，唯心所生，如枝派之有根源，故的指一念而為總也❹。

因此，我們可以說山外或雜山外派的心，基本上，是依湛然而強調理的融通性，有的著重一念之理而論，有的雖亦著重理，然仍扣緊一念心之事（剎那心）而論。但無論如何，對理的重視是一致的。

2.心佛眾生之關係

依源清之看法，心佛眾生三無差別，基本上，心是佛眾生之本，佛為覺，眾生為不覺，心乃生佛之心，非離生佛外別有心，由此而說明三無差別與因果不二❽。

就理的觀點而言，源清認為心乃非因非果，而說心為因，乃是就心能造而言，而生佛為心所造，如其云：

> 《玄義》（指《法華玄義》）中釋法有三，謂心佛眾生。若定其因果，則心法定在因，佛法定在果，眾生法一往義通因果。心定因者，心非因果，約能造諸法判為因也。……佛定果者，由覺自心，研修究竟，名佛，故云定果也。眾生一往義通因果者，由無始本迷不覺自心清淨知體，恆逐妄緣，造諸妄業，名妄因，受諸妄報，名妄果，故云一往義通因果也，若二往而望佛真果，但是於因為斯義，故佛亦唯心因果不二，故云無差別❾。

---

❹ 同上177下。

❽ 參卍續藏100・111上。

此說明了心、佛、眾生之因果關係，乃是相對待而說，若就理而言，非但心是非因非果，佛與眾生亦是非因非果。

宗翌對心佛眾生三無差別之看法，亦就理而論，如其云：

> 心佛及眾生是三無差別，良謂同在一理❺⓿。

因此可以看出，山外派對心、佛、眾生三無差別的看法，主要就「理」來論述三無差別，仁岳亦不例外❺❶。

㈡觀心

就觀心而論，源清直就心之理而論觀，宗翌、智圓等人，乃就剎那妄心即是妙理而論觀。因此，我們可以得知山外之觀法，其所觀境基本上是不思議境，如《摩訶止觀》「十乘觀法」所說的「觀不思議境」❺❷，不管是否強調心為妄心，然皆由即事而理，即妄而真，由事妄之理而論觀法。

1.唯心觀

在山外的論著中，並沒有特別就觀心法門來加以論述，吾人僅能就有限的文獻中來加以探索。

依源清《示珠指》所論述的觀心，主要就一念心入手，

---

❹❾　卍續藏100・111上下。

❺⓿　卍續藏100・166下。

❺❶　如《十不二門文心解》云：「已造他造事雖有殊，但識一念三諦三千遍見己他無二無別」（卍續藏100・180上），此即透過一念三諦三千來明三無差別。

❺❷　參見大正46・52中～55下。

了知一切諸法唯心，唯心無性即是真性，即是實相，此真性空，是妙有（假），皆是一念心，故中，由此即是一心三觀，如《示珠指》云：

> 能如是觀一切諸法唯心無性，名真性空；真空色，名妙有假；唯一念心，名不二中，是名一心三觀，故云即空即假即中❸。

此所謂的一心三觀，是指觀一切諸法皆是唯心，所以一切諸法無自性，故稱此一切諸法的真性是空（因為是無自性，所以是空）；再者觀一切諸法雖唯心雖無自性，然無自性中有色，所以是妙有假；不管一切諸法是空或假，皆不離此一念心，皆是唯一念心，故稱此一念心（唯心）為不二，為中。如《示珠指》云：「了妄唯心，唯心無妄，即照性也。」❹此乃源清所主張：以觀唯心不二即入圓位，如《示珠指》云：

> 問：前示唯心實相，始自凡夫，終於妙覺，滅即不二之性，為只觀唯心便入上位，為更假修戒定慧耶？
>
> 答：只觀不二即修戒定慧，如《涅槃》云：能觀心性名為上定，無所犯即戒，能觀妙智即慧，此名如來行，一行具一切行矣❺。

---

❸ 卍續藏100·126上。

❹ 同上，131上。

❺ 同上，113上下。

2.三種根性

源清雖主張由唯心圓修觀，然其將根性分為三種，依根性之不同，則所修亦有所不同，如《示珠指》云：

> 問：圓修不二得入上位，為一生辦？為多生辦？若多生辦，與漸何別？若一生辦，聞不二者，其眾辦者誰歟？
> 答：人有三種：一、根性極利，惑障稍輕，宿殖敢（憨）厚，志願堅固，纔聞即解，頓獲證入，此只用世界即悟第一義也。二、根性亦利，惑障亦輕，宿殖未多，志願猶弱，饞聞即解，如聞思修，當觀一念即空假中，方獲證入，此至為人而悟第一義也。三、根性雖利，惑障頗重，宿殖尤薄，志願都無，以根利故，因聞得解，以惑強故，觸境隨緣，深修理事種種調練，方獲證入，此備用對治而悟第一義也❺❻。

此皆就「利根」所修圓法而言，雖皆是利根皆修圓法，然由於惑障輕重、福殖厚薄、志願堅弱，則所修方法與時間上亦有所不同，以圖表表之於下：

> 1.根性極利，惑障稍輕，宿殖憨厚，志願堅固，纔聞即解，頓獲證入。
> 2.根性亦利，惑障亦輕，宿殖未多，志願猶弱，饞聞即解，如聞思修，當觀一念，即空即假即中。

---

❺❻　同上，113下。

3. 根性雖利，惑障頗重，宿殖尤薄，志願都無，因聞得
　　解，以惡強故，觸境隨緣，深修理事，種種調練，方
　　獲證入。

3.即妄而真觀

就智圓而言，其觀法乃是即妄而真，故以心體來解釋一
念三千，是即妄心是真心，故言一念三千，如《金剛錍顯性
錄》云：

> 故於陰入境中，點示一念心性具足三千，故知心體即常
> 寂光，寂光諸土無二無別；遮那之身與土，法與報應一
> 體無殊❺❼。

又云：

> 今家所立，離真無妄，離妄無真，指無明心即三諦理，
> 故《止觀》（指《摩訶止觀》）觀乎陰心煩惱心病心等，
> 皆成不思議也。……須知一家所立心性，即妄而真，若
> 解若觀，其理咸爾❺❽。

此說明無論於解或觀上，皆是即妄而真，所以，觀陰心煩惱
心病心等皆是不可思議，以此顯示即妄而真之觀法，同時智

---

❺❼　卍續藏100・532上。
❺❽　同上，532下。

圓亦對知禮偏立妄心為境加以批評❺⑨。

(三)理論依據

由前文所述，已略知山外之主要理論基礎在於理具，於下再詳論之。

源清於《示珠指》以「不二唯心實相」來表達湛然〈十不二門〉之涵義，此「不二」「唯心」「實相」，皆代表著「理」，亦顯示理具，由於諸法體不二唯是一理，皆因唯心造，唯心無性，故無不是真實，如《示珠指》云：

> 色即法界，法界唯心，一切法趣香，乃至相性體力作因緣果報本末究竟等皆即法界，一一法界，法即一念真如妙體，又此一念體常虛寂，……當體叵得，諸法本來常寂滅相，更無能知異彼諸法，全諸法而一念而無無相，無相之相即是真實❻⓪。

源清接著以摩尼珠來譬喻心性，如其云：

> 譬摩尼珠，珠體圓淨，全珠非色是瑩徹空，全瑩徹空是

---

❺⑨ 如《金剛錍顯性錄》云：「須知一家所立心性，即妄而真，若解若觀，其理咸爾，偏真尚失，偏妄可知。……，是以無常即常，妄即真故，二法一揆，方離偏指之失。親見學斯宗者（指知禮），不了此旨，乃云今家偏指妄心為境，未得言真，遂偏立妄心為解行事理之要，不知即妄而真，方為要也。」（卍續藏100・532下）此即批評知禮偏指妄心為境，偏立妄心為解行事理之要，不知即妄而真。

❻⓪ 卍續藏100・108下。

> 摩尼色，隨意能雨種種眾寶，實非內有，亦非外來，是
> 珠體妙具一切寶。……當知諸法不二唯心，唯心無相，
> 具一切相❻。

此由摩尼珠譬喻說明心與體，乃至色與體之間的關係，體非
色心，然亦不離色心，顯示珠體妙具一切寶。同樣的道理，
諸法是不二唯心，唯心無相，具一切相。整部《示珠指》即
是依此不二唯心實相具一切相來開顯。

　山外派其餘諸人亦是依此理具作為理論之基礎。

三、山家山外論爭之析評

　有關山家山外之論爭，若進一步加以分析，可分二方面
來加以說明：㈠知禮對山外的批評之析評、㈡就湛然與智者
看山家山外之論爭。

㈠知禮對山外的批評之評析

1.知禮對山外之批評

　山家山外之論爭，主要是由知禮所挑起，由於知禮不同
意山外派對《金光明經玄義》的看法，以及知禮批評源清、
宗翌對湛然〈十不二門〉之解釋，乃至知禮對智圓《請觀音
經疏闡義鈔》的批評，形成了山家山外長達四十多年的論爭，
以下將這些重要的論爭，以圖表示之：

---

❻　同上。

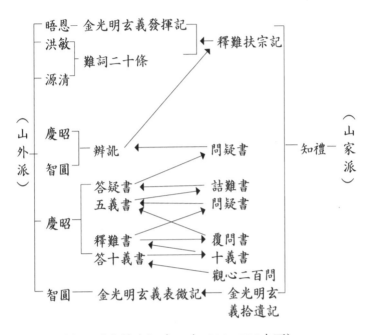

圖表㈠（參見《十義書》序，大正46・831中下）

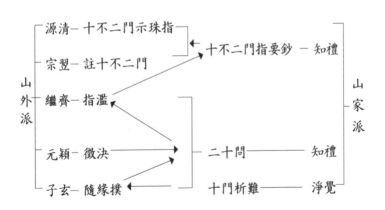

圖表㈡（參見《佛祖統紀》，大正49・192上中及《十不二門
指要鈔詳解》，卍續藏100・308下）

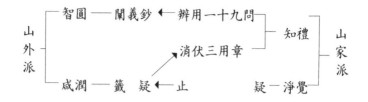

圖表㈢（參見《四明尊者教行錄》，大正46・872上、873上，及卍續藏95・840上）

　　由上述三圖表所示，論爭皆由知禮所發難的，有關《金光明經玄義》的論爭資料，山外派的文獻幾乎已不存，除了殘存於山家派知禮的論著中所引述外，已無法得知山外派之論點。有較完整保留山外派的觀點，是有關〈十不二門〉方面的論著，如源清的《十不二門示珠指》與宗翌的《註十不二門》，此有助於吾人對山外派論點之理解，這也是吾人能較全盤性對山外派論點之理解。此外，就是智圓的論著，如《金剛錍顯性錄》、《請觀音經疏闡義鈔》（簡稱為《闡義鈔》），以及山外派後代的一些散著，如繼齊、元穎、子玄、咸潤之論著。

　　因此，吾人對山外派的理解，主要是以《十不二門示珠指》與《註十不二門》來理解。

　　有關知禮對山外派的批評，主要是「心」的問題所引發，如《金光明經玄義》廣略本之諍在於「觀心釋」上，是屬於心的問題；另如有關〈十不二門〉之疏解，知禮對山外派的批評，主要還是在於「心」的問題上，以此心的問題，引發出心佛眾生觀點的不同，以及觀法上不同的見解，因而導致

一連串之論爭，因此，可說因「心」的見解不同，乃至對心的觀法不同，是山家山外論爭之核心問題。故以下針對「心」的問題提出分析。

知禮對山外派「心」的批評，主要有三方面：⑴對心見解的不同。⑵對心佛眾生解釋之不同。⑶對觀心之不同。分述於下：

⑴對山外派的「心」之批評

若以湛然的〈十不二門〉而論，知禮不同意山外派將湛然〈十不二門〉中的「一念」以真心或心性釋之，如〈十不二門〉云：

> 總在一念，別分色心。……，既知別已，攝別入總，一切諸法無非心性，一性無性，三千宛然。當知心之色心❻❷。

源清《示珠指》解釋云：

> 總者，一念也。一性即一念也，一念靈知性體常寂。無性，即一念叵得，故云無也；又無自他共無因之四性也，《經》云：諸佛兩足尊，知法常無性。今指一念知性本來清淨不生不滅，是真無性，以此性令即十界色心之法，故云三千宛然，是知一念三千世間相常也。……

---

❻❷　大正46‧703。

心，即上一性無性也，色心即上三千宛然也❸。

此中源清即以「一念靈知性體常寂」來解釋一念、一性，然由於性體常寂，所以一念之性叵得，且離自他共無因之四性，顯示一念之性是真無性。由此得知，〈十不二門〉的「總在一念」之「一念」，依源清的解釋，是就一念或一念之性來解釋，顯示一念不可得，一念之性亦不可得，稱此為一念靈知性體常寂或一念知性本來清淨不生不滅，乃至「心之色心」，直就一念之性來解釋。

　　若就宗翌《註十不二門》對〈十不二門〉上述引文之解釋，宗翌基本上以「介爾起心」之「心」來釋「一念」，再以此一念圓持為實相實心，以實相真心釋「心之色心」之第一「心」字，如《註十不二門》云：

　　一念者，……，今注曰：介爾起心三千性相，即非縱橫並別之旨，故曰總在一念矣❹！

又釋「攝別入總」，其云：

　　一念圓持諸法曰總❺。

釋「心之色心」，其云：

---

❸　卍續藏100・128上下。
❹　卍續藏100・147上。
❺　同上，149上。

　　心，實相真心，

　　之，語助，

　　色心，諸法色心❻❻。

由上所釋，可得知宗翌是就「一念三千」之「一念」來釋〈十不二門〉之「總」之「一念」， 以及「心之色心」之「心」，亦即宗翌視一念三千之一念為圓持，所以是總，是實相真心，故以此「實相真心」來解釋〈十不二門〉之「總在一念」之「總」之「一念」。

　　因此，可看出山外派不論源清或宗翌其對〈十不二門〉之「總」「一念」的解釋，基本上是就一念之性體來加以解釋，如源清之一念靈知性體，或宗翌之實相真心。

　　知禮所要批判山外派的，即是批評山外派以「一念靈知性」或實相真心來解釋「一念」，如知禮《十不二門指要鈔》云：

　　　　有人解今一念云是真性，恐未稱文旨，何者？若論真性，
　　　　諸法皆是，何獨一念？又諸文多云觀於己心，豈可真理
　　　　有於己他？更有人全不許立陰界入等為所觀境，唯云不
　　　　思議境，此之二師（指源清與宗翌）灼然違教❻❼。

對此段話，可度於《十不二門指要鈔詳解》有進一步之解釋

---

❻❻　同上，149下。

❻❼　大正46・706中下。

說明❻。由引文所示，知禮對源清與宗翌之批評，主要有兩點：㈠以真性解一念（或以一念為真性）、 ㈡不許立陰界入為所觀境（亦即山外派主張的是「觀不思議境」，而非觀陰、界、入境）。有關第二點於後文述之。就第一點而言，知禮於《指要鈔》多處論及之，引三則述於下：

1. 問：他（指源清）云：一念即一性也；一念靈知性體常寂。又云：性即一念，心性靈寂，性即法身，靈即般若，寂即解脫。又云：一念真知妙體。又云：並我一念清淨靈知。據此等文，乃直指文中（指〈十不二門〉）「一念」名真淨靈知，是約理解，今云屬事，是陰入法，與他所指賒切如何？

   答：此師祇因將此一念約理釋之，致與一家文義相違❻。

2. 問：據上所引眾教雖見相違，且如立此十問（案：「門」字之誤）， 欲通妙理，亡於名相。若一念屬事，將不違作者意乎？

   答：立門近要則妙理可通，若夐指真如，初心如何造趣？

---

❻ 如《十不二門指要鈔詳解》（以下簡稱《詳解》）云：「敘破清、昱（翌）二師觀真棄陰，初云是真性，是清師，次不許立陰，天台昱師也。」（卍續藏100・328下）另於《詳解》中釋《指要鈔》序時，已述及此問題，如其云：「吾祖法智尊者（指知禮）始因錢塘奉先清師製《示珠指》解〈十不二門〉， 總在一念之文為真心，別分色心為俗諦，……。天台昱師《註十不二門》立唯觀不思議境，消一念三千唯色唯心之文為真諦，法智慼而救之，所以《指要》之所由作也。」（同上，308下）

❻ 大正46・708下。有關知禮所展開批評山外違文意內容，參大正46・708下～709中。

依何起觀邪？今立根塵一剎那心本具三千即空即假即中，稱此觀之，即能成就十種妙法，豈但解知而已。如此方稱作者之意。若也（「他」字之誤）偏指清淨真如，偏唯真心，則杜初心入路，但滋名相之境❼。

3.問：既以迷中實相為一性，對三千為別，正當以理為總，何苦破他？

答：以三千法同一性故，隨緣為萬法時，趣舉一法，總攝一切也。眾生無始全體在迷，若唯論真性為總，何能事事具攝諸法？而專舉一念者，別從近要，立觀慧之境也。若示一念總攝諸法，則顯諸法同一真性。故《釋籤》云：俗即百界千如，真則同居一念。須知同一性故，方能同居一念；故以同居一念，用顯同一真，非謂將一念名為真諦，豈同居一塵非真諦邪？今文（指〈十不二門〉）以一性為總，前後文以一念為總，蓋理事相顯也，此之二句正出攝別入總之所以也。由一性無性，立理事三千故，故兩重三千，同居一念也，豈同他釋（指源清所釋）直以一念名真性邪（耶）❼？

由上述所引述三文來看，可確知知禮對山外派之批評，在於批評山外派以理以真性來解釋「一念」，依知禮的看法，此「一念」指的是「事」是「一念妄心」，由一念妄心攝一切法，由此以顯真性，如引文第三則云：「若示一念總攝諸法，則顯諸法同一真性」。因此，知禮批評山外派是「偏指清淨真如，

---

❼ 大正46・709中下。

❼ 大正46・710上。

偏唯真心」（如引文第二則所云），且認為山外派如此以真性釋一念，乃是「杜初心入路，但滋名相之境」（如前），但知解而已。

知禮如此批評山外派，乃由於對於「一念」見解不同所致，且由於一念見解不同，牽涉對心佛眾生解釋之不同，乃至觀法（觀心）見解之不同，此亦可言因對「心」見解不同所引發。

⑵對山外派釋「心佛眾生三無差別」之批評

山家山外對「心佛及眾生，是三無差別」的不同解釋，主要仍然來自於對「心」的解釋不同所致。

山外派對「心、佛、眾生」的解釋，基本上是先就理來理解，認為心非因非果（同理，佛及眾生亦屬非因非果，然《示珠指》中並無此說，或許是針對心而言，省略了此說），從能造上說心為因，從自覺究竟上說佛為果，從眾生不自覺而造業受果報，說眾生為因果（有關詳細之說明參見第二節所述）。

知禮對山外派的批評，主要在於批評山外派獨以理釋心，依知禮的看法，心是理，心亦是事；同樣地，佛眾生是事，亦是理，如《指要鈔》云：

> 故知若約萬法即理，則生佛依正俱理，皆不變故，何獨心是理耶？若據眾生在事，則內外色心俱事，皆隨緣故，何獨心非事耶❼？

❼　大正46・709上。

對此之批評，吾人無法得知山外派對此是否提出辯駁？但從前文所述山外派以理解釋心，並不表示佛眾生不是理。同樣地，山外派以因解釋心，正顯示心亦是事，並不如知禮所言：「何獨心非事耶」，更何況山外派是針對湛然〈十不二門〉中所強調的「一理」「一念」來處理。所以，知禮所理解下的山外派及對山外派之批評，是有待商榷。

雖如此，以下仍將知禮對山外派「心佛眾生」之批評加以引述：

1. 彼（指山外派）判心法定在因，佛法定在果，眾生法一往通因果，二往則局因，他（指源清）執心法是真性，故乃自立云：心非因果；又礙定在因句，復自立云：約能造諸法，故判為因。佛定在果者，乃由研修覺了究盡為果，今問：既將因果分判法相，何得因果卻不相對？果若從覺，因須指迷，何得自立理能造事而為因邪？既不相對，何名分判❼❸？

2. 又違《華嚴》心造之義，彼經如來林菩薩說偈云：心如工畫師，造種種五陰，一切世間中，無法而不造，如心佛亦爾，如佛眾生然，心佛及眾生是三無差別。《輔行》釋云：心造有二種，一者約理，造即是具；二者約事，即三世變造等。心法既有二造，《經》以心例於佛，復以佛例於生，故云：如心佛亦爾，如佛眾生然，是則三法各具二造，方無差別。……心造一切，三無差別，何

---

❼❸　大正46・708下。

忽獨云心造諸法？得名因邪❼？

3. 據他（指源清）所釋心法是理，唯論能具能造，生佛是事，唯有所具所造，則心造之義尚虧，無差之文，遠失矣❼！

4. 二、違《大意》（指《止觀大意》）及《金剛錍》，他（指源清）自引云：隨緣不變名性，不變隨緣名心。引畢，乃云：今言心即真如不變性也。今恐他不許荊谿（溪）立義，何者？既云不變隨緣名心，顯是即理之事，那得直作理釋；若云雖隨緣邊屬事，事即理故，故指心為不變性者，佛法生法豈不即邪？若皆即理，何獨指心名不變性？……。若約萬法即理，則生佛依正俱理，皆不變故，何獨心是理邪？若據眾生在事，則內外色心俱事，皆隨緣故，何獨心非事邪❼？

5. 他云：生佛是因果法，心非因果，驗他直指心法名理，非指事即理，生佛二事會歸心故，方云即理，亦非當處即具三千，是知他師雖引唯色之言，亦祇曲成唯真心爾❼。

由上五則之引述來看，吾人可清楚地得知知禮對山外派之批評，不外乎認為山外派以理釋心，以事釋生佛，唯心是理，生佛二事會歸心才即理，非指事即理，因此，知禮下判

---

❼　同上。

❼　大正46・708下～709上。

❼　大正46・709上。

❼　同上。

斷，認為山外派所講的唯色，是「祇曲成唯真心爾（引文第五則）」。

知禮如此理解山外，乃至唯「心」才是理，基本上可說對山外之誤解，山外以「心」來說明理，或特就心來顯理，可說依湛然理路而來，以及順湛然所要強調的而來（此於後文再詳細）。而知禮對山外之理解，可說是種偏解及過度之推演所致。而知禮對山外之批評，亦是無效的。

(3)對山外派觀心的批評

觀心問題，似乎是山家山外所有爭論之焦點，因《金光明經玄義》之「觀心釋」，引發了山家山外論爭之戰火，而一連串的論爭中，似乎亦圍繞著觀心而來，如前文所引述，知禮對山外之「心」及「心佛眾生」之批評，皆與觀心有關。然吾人要問的，之所以有觀心問題，基本上還是在於對「心」的詮釋不同所致。

知禮強調以「事」釋心，由事顯理，山外則著重就「理」釋心，這可說山家山外立基點之不同。

由於對「心」的解釋不同，引發了知禮對山外之批評，甚至因此而批山外是有教無觀❼，或言「但知解而已」❼。知禮之所以批評山外，主要認為山外是捨事論理。所以，依知禮的看法，論理應就「事」而言，所以「心」是指事，然

❼　此在《法智遺編觀心二百問》（大正46・824上～831上）及《四明十義書》（大正46・832上～856上）有廣明之，如《十義書》云：「上人因遭此難，既知但教無觀，乖於本宗，乃將教代觀而曲救之。」（大正46・833上）

❼　大正46・709下。

後再由事顯理。知禮對山外的所有批評，可說依此而來，然卻也隱藏了知禮並非如實來理解山外（此於後文詳述之），只就其所見一邊而批評之，或可說某種情結所致，如認為山外是「偏唯真心，則杜初心入路」**❽**，此表現在觀心上則更為明顯。以下引則明知禮對山外觀心之批評。

1. 更有人（指宗昱）全不許立陰界入等為所觀境，唯云不思議境，……。唯（「且」之誤）《摩訶止觀》先於六章廣示妙解，豈不論諸法本真，皆不思議，然欲立行造修，須揀入理之門，（揀）起觀之慮，故於三科揀卻界入，復於五陰又除前四（陰），的取識陰，……乃依此心觀不思議顯三千法，……豈是直云真性及不思議**❽**。

2. 又實相觀雖觀理具，非清淨理，乃即是之理也，以依陰等顯故。……。他云：真心具三千法，乃指真如名不思議境，非指陰入也**❽**。

3. 他（指山外）謂圓談法性，便是觀心，為害非少。今問一念真知為已顯悟？為現在迷？若已顯悟，不須修觀，十乘觀法將何用邪？若現在迷，全體是陰，故《金錍》云：諸佛悟理，眾生在事，既其在事，何名真淨？然誰不知全體是清，其奈濁成本有，應知觀心大似澄水，若水已清，何須更澄？若水未清，須澄濁水。故《輔行》釋以識心為妙境，云：今文妙觀觀之，令成妙境，境方

---

❽ 同上。
❽ 大正46・706下。
❽ 大正46・709上中。

稱理。……故知心非本妙，觀未成時，且名陰入，為成
妙故，用觀體之。若撥棄陰心，自觀真性，正當偏指清
淨真如之責，復招緣理斷九之譏❽。

諸如此類知禮對山外觀心之批評，在《觀心二百問》及
《四明十義書》中，更廣就「託事附法」來批評山外之觀心，
是偏指清淨真如，皆是捨事棄法而論觀心，所以其理觀亦不
成，依知禮的看法，理觀亦須依事依於一念妄心等而顯，否
則只是偏指清淨真如及緣理斷九而已，而非圓教之觀法。

2.對知禮批評之評析

⑴評析知禮的基本預設

知禮對山外之批評，主要根源於其基本預設而來。因此
吾人要反省知禮的批評是否有效，首先須就知禮的基本預設
來檢視。

由前文之論述，得知知禮之基本預設，在於理事二分，
由分再合，如對心的解釋，認為心具二造：理造（即理具）
與事造，且強調須由事顯理，即由事顯事之理體，運用於觀
法上，即是由事而觀或由一念妄心而入觀，再由事或一念妄
心顯理，了知事體寂滅或一念妄心本寂，如此則事之理體顯，
由此可得知，知禮基本上是視事理為二，然後再加以統合。

知禮此之基本預設，就筆者所研究的天台智者而言，由
理事關係的實相乃緣起中道來看，可說是知禮個人之主見。

---

❽ 大正46・709下。

所以，知禮依此預設對山外所作的批評，基本上，亦可運用於知禮本身上，如下述。

⑵評析知禮的觀法

就觀法或觀心法門而言，從「事」入或從「理」入，本無優劣而言，如藥，用之得當，則是良藥；用之不當，則成毒藥。

然在知禮的觀法中，視理觀為「杜初心入路」「為害非少」，而強調須由事觀入手。果真要較量理觀與事觀之高下，吾人可以由方法上與實質上來判斷理觀較事觀為殊勝可行，理由有三：㈠理觀是直觀無性，即直觀理；事觀則須先觀事，再觀事之體寂，即觀事之理體寂滅。若將理觀與事觀相較，事觀多了一層轉折，且由理事二分入手，非直就事理不分入手。因此，可以說理觀優於事觀。㈡由事入手，再由事轉成理，是否能轉成仍有爭議，直就理觀而觀，則無此問題。㈢再者事觀最終目的，在於了知事本身體寂，會歸於理。所以，相較之下，理觀由不分入手，直觀於理，恐較事觀由理事二分入手再回歸於理殊勝。以上所論僅就理觀事觀理路而述，不涉及個人之預設或喜好。

⑶評析知禮之批評

知禮對於山外的批評，主要基於上述之基本預設與觀法而來。以下列舉知禮所批評的山外，其本身所存在的問題，亦即知禮對山外之批評正好可用在知禮本身上，如下所述：

A. 兩難論證

知禮在對山外派觀心的批評中（如前文所引述）， 其以兩難論證的方式來批評，如知禮首先設問：一念真如為已顯悟？為現在迷？接著對此問題提出論辯，知禮認為若一念真如是代表已顯悟，那麼不須修觀，即《摩訶止觀》的「十乘觀法」將是多餘的，是虛設的；反之，若一念是代表現在迷，那麼全體是五陰，是事，由此知禮進一步推知：既然全體在事，所以就不是清淨真如，故須作觀。由此吾人得知知禮是將理事二分，視理為清淨，不須觀法；視事為染濁，故須觀法。知禮之兩難論證方式可說基於理事二分之基本預設而來，若就山外理事不分而言，未必會發生兩難論證。依邏輯兩難論證的「對抗式」，理事不分之下的一念真如是迷，那代表對一念真如還未理解或還未體悟，祇要把迷的遮障加以去除，此則是悟。就此而言，並不會陷於知禮理事二分下的五陰事迷，此也就是漸悟；若就一念真如是悟，那麼就是悟了，此即是頓悟，也就不會陷於如知禮理事二分下的「理」不須修觀。所以，知禮的兩難論證乃是知禮基本預設下的產物而已。

B. 理皆知乎

依知禮對山外觀法所作的另一批評，是認為山外所講的理，是人人皆知的，人人皆知一念真如全體是清淨，所以依禮的看法，既然人人皆知全體清淨，則無須多言，否則落入於知解中，重要的是轉迷事成悟理，如此境方稱理。對知禮所持「誰不知全體是清」所表達的理人人皆知的義涵，基本上，亦可以反用在知禮所強調的「事」上，同樣地，事乃眾生日常所知的，實無須多加強調，眾生所不知的乃是對事之理不明。所以，知禮認為誰不知全體是清淨，其對象是知

識份子而言，然對大眾而言，基本上是不知全體清淨之理。知禮以此全體清淨人皆知來批評山外，卻忘了此更適合又來批評知禮自己所強調的事。

C. 杜初心人入路

就知禮的看法，理觀乃是杜絕初心人入路，是徒增知解而已，縱使要理觀，也須由「事」入，了知事體寂滅，而不可直就理而觀理，否則，是杜絕初心人入路。

知禮如此地強調事觀，強調由事入手，幾乎到了非「事」不可的地步，唯事才有修觀可言。由此來看，知禮所主張的事觀，才是真正杜絕初心人入路，因為事觀只是諸修觀之一，若唯了事觀才可行，此豈不是杜絕了適用其他修觀人之路嗎？再者，由理事二分之下的事觀，最終是否能由事轉成理體，仍是有問題的，此豈不是更杜絕了修行人之入路嗎？

㈡就湛然與智者看山家山外之論爭

1.就湛然思想理路

對山外的論點，吾人不能僅就山外有限資料來論斷，亦不能就知禮所理解的山外來理解，及不能就知禮所批評來理解山外。欲理解山外，湛然本身可說扮演著極重要之角色，或言欲理解山家山外之論爭，捨湛然思想，恐難以有一較持平論斷。

若就湛然思想內在理路來看，湛然思想之理論基礎在於理具，顯示事之背後之理，為其思想核心所在，且將一切法歸諸於理來加以論述加以融合，如〈十不二門〉基本上透過

一理不二來顯示本跡十門之妙，又如《金剛錍》的無情佛性說可說理具思想之運用發揮。因此，我們可以說湛然的思想在於理具，在於開顯理具（詳參本書第一章）。

山家山外皆標立順著湛然理路而來，大量引用湛然論著觀點為依據，尤其是山家派更是如此，引經據論來抨擊山外之非，乃至引用天台智者論著觀點（關於此部份於後文再述之）。

若從湛然的思想來看，吾人會發現山外派的論點反而會較接近湛然的思想，或說山外派著重於理來論述心是順著湛然思想理路而來，直就理來論述，直就理來入觀，反而比較膽合湛然理具思想。

2.就智者思想理路

知禮自認以匡救天台教義為己任,而討伐山外派諸異說,以維護湛然與天台智者之教理，自認其教義稟自於湛然與智者而來。

然從上述所論述的湛然思想理路來看，得知知禮思想與湛然之間是有很大差距的（如湛然事事會歸於理具，而知禮乃強調如何由事來凸顯事之理體，此二人之基本方向是不相同的）， 反而山外派所著重於理的層面較接近於湛然思想理路。

縱使如此，然依筆者個人對湛然思想的研究，認為湛然的理具思想與天台智者的緣起中道實相是有差距的，於此無法申述（詳參本書第一章）。

因此，吾人要評述山家山外之論爭，除了就湛然思想來

評述之外，更應就天台的原創者——智者思想來評論山家山外之問題。

由筆者《天台智者緣起中道實相論》之研究，認為天台智者的思想在於緣起中道實相，即諸法實相乃透過諸法辯證關係之張力來表達，且對於種種之自性執採取反省批判之態度，乃至對其自己所主張的即空即假即中之實相亦加以提出批判，處理理事的關係更是如此。

若由智者思想來看，湛然的理具思想基本上已失去了諸法（或理事）辯證的張力，山家山外的思想主要又依據於湛然的理具思想而來（且山家思想與湛然又有許多差異），由此來看山家山外的思想與智者的思想似乎並沒有什麼關聯性。因此，吾人要論斷誰代表天台本宗，似乎是一種無多大意義的論題。

然為何會導致山家山外如此激烈的論爭，以及長達這麼久的論爭，主要在於彼此雙方基本立場不同所致，其所引用湛然或智者的論著來支持自己各家的論點，此只是借用而已，以達到如何來論破對方，實際上與湛然思想並沒有必然之關係，甚至與智者的思想相距更遠。

在山家山外的論爭中，從前文之種種分析論述，吾人得知知禮對山外派所作的種種批評，此只不過是知禮以其「一己之見」的預設來支撐其強詞奪理的論證而已，也就是說其預設並無普遍必然可言，而其論證也不過是自說自話，無說服力可言。

第四章　孤山智圓的理具唯心思想及其對知禮之反批

前　言

　　宋・孤山智圓(976～1022)是山家山外論爭時代表山外的一位大將，尤其智圓和其師兄梵天慶昭對抗四明知禮所展開的一連串論辯。雖然論辯的導因來自於《金光明經玄義》廣略本所引發，但根本問題在於對「理」和「觀心」的掌握上有所不同所致。

　　由於本書第三章對山外派的思想來龍去脈並未系統交代，以及山外如何回應山家這部份亦未說明之，故今就智圓思想來加以申述探討，以補其之不足。由於智圓是山外派人物中資料留下來較為齊全的，事實上，亦有諸多著作沒有留傳下來，但以所遺傳下來的資料如《金剛錍顯性錄》、《請觀音經疏闡義鈔》、《維摩經略疏垂裕記》、《涅槃玄義發源機要》、《閑居編》……等，亦可對智圓思想來龍去脈有所了解，尤其是《金剛錍顯性錄》與《閑居編》，前者勾勒了智圓的思想核心，完成於景德三年(1006)，約智圓三十一歲時，亦是智圓與知禮為《金光明經玄義》爭論期間(999～1006)的作品。因此，我們可以看出智圓的思想成熟得極早，最遲在撰《金

剛錍顯性錄》前即已定型，亦即在其三十一歲前，其思想已完成。至於後者《閑居編》，乃是智圓的詩詞、散文等雜文，其中保留了智圓許多經疏序等方面的文章，透過這些序文，我們可以蛛絲馬跡的尋回智圓有關對經疏方面的看法。雖然智圓被稱為十大經疏主❶，但有關這些十大經疏的著作，許多沒有留傳下來。因此，在《閑居編》所搜集的那些序文有助於我們對智圓思想的了解。

一、理具思想之傳承

大體而言，智圓的理具思想主要傳承自荊溪湛然，甚至可以說宋山家山外的思想，皆來自於湛然的理具思想；而引發山家山外之論爭，也可說是因對理具的掌握不同所致❷。

---

❶ 十大經疏，是指：《文殊般若經疏》二卷、《遺教經疏》二卷、《般若心經疏》一卷、《瑞應經疏》一卷、《四十二章經疏》一卷、《不可思議法門經疏》一卷、《普賢行法經疏》一卷、《彌陀經疏》一卷、《首楞嚴經疏》十卷、《無量義經疏》等。這十部經是天台未疏解的經典，智圓將之加以疏之。此外，智圓又對十大經疏的某幾部加以解釋論述，如《楞嚴經疏》，智圓又著《楞嚴經疏解》及《楞嚴經疏谷響鈔》加以論述闡發，同時亦對天台的某些論述加以闡發，如撰《請觀音經疏闡義鈔》即是對天台《請觀音經疏》的闡述，其他：有《金光明經文句索隱記》、《金光明經玄義表微記》、《維摩詰經略疏垂裕記》、《涅槃經玄義發源機要記》、《涅槃經疏百非鈔》、《涅槃經疏三德指歸》等，而有關智圓的這些論著有些沒有留傳下來，而在《閑居編》中，保留了這些論著之序言，因此，我們可以藉由這些序來了解智圓對這些經的思想。有關智圓著作共計一百七十餘卷（以上資料參見《閑居編》，卍續101・54上～62・214上～215上）。

❷ 山外強調就心來掌握理，因為心法攝一切法造一切法，所以諸法全

雖然山家山外理具思想同來自於湛然，然在教理的詮釋與觀行的運用上，則表現各異，著重點亦有所不同，此乃引發爭端之所在。

至於湛然的理具思想，依湛然的看法，基本上則來自於天台智者《摩訶止觀》的一念三千不可思議境。然依筆者對天台智者思想和對湛然思想之研究❸，得知此二者思想相距很大，且智者的一念三千與湛然的理具有很大差別。簡言之，智者的一念三千表現在法與法之間的彼此不可分割之張力，即舉一法即一切法，一切法即一法之關係上；而湛然則將此一念三千視為理具三千所致，認為若無理具三千則無事造三千，即事造三千是依理具而來，此則將理事二分，非是理事互動的關係❹。

湛然之所以提出理具思想強調理具思想，依筆者對其思想之研究，乃是時代思潮之使然❺。宋山家山外自然承受此

體是心，無論教理或觀行，因就唯心而入手，了解理具心具之道理，由於理具心具，所以諸法亦具一切法偏一切法。

山家所強調的是就妄心就事來掌握理，且視山外之心偏重於理，是屬偏真清淨真如，是別教思想，非天台圓教思想。

山家對山外之心的理解，並不確實的，基本上，山外是透過心來把握理體，並非視心只是理而非事、妄心。再者山外所謂的唯心，是集中就心來論教理觀行，從諸法寂滅而言，無法可說，所有生滅萬象皆不外於心，因妄想分別而有，故就唯心而論諸法。

因此，我們可以看出山家對山外之批評——視心為理及只講唯心不講唯色唯香，就這兩點來看，山家對山外派之批評並不中肯。

有關山家對山外之批評，請參見本書第三章。

❸　參見拙著《天台緣起中道實相論》一書及本書第一章。

❹　有關此差別，可參本書第一章。

❺　同上。

思潮及湛然理具思想。所不同者，山家知禮為抗拒此思潮，為凸顯其所謂自宗的特色，而偏向事法、妄心，乃至理毒性惡來闡述天台教理，以作為和他宗之區別，且以此來批評山外背離本宗，然山家的基本思想仍不離湛然的理具思想模式，以理具性具為基礎，發展成所謂的性惡說。

然而，吾人若從湛然理具思想的理路來看，吾人會發現山外的理具唯心思想反而較接近於湛然的思想❻。

以頗具代表湛然思想的兩部著作——《金剛錍》與《法華本跡十不二門》（即〈十不二門〉）而言，明顯地扣緊理具唯心的觀點來論述，即以理具為無情佛性說與本跡十不二門之基礎，再以唯心來發揮其教理和觀行。因此，我們可以說山外派的理具唯心思想是傳承自湛然。

智圓在其論著《金剛錍顯性錄》中，對湛然理具思想之來龍去脈有所交代，認為湛然《金剛錍》的「無情佛性」說，主要是建立在理具上，而此理具觀點來自「一念三千」，如其云：

> 此論（指《金剛錍》）正由世人執《涅槃》權文，謂瓦石無性，故荊溪運乎慈心，愍斯倒惑，乃依《止觀》（指《摩訶止觀》）不思議境所明剎那心中具三千法染淨依正因果自他，攝無不盡，剎那既徧，佛性遂周，則了瓦石唯我心性❼。

---

❻　同上。

❼　卍續藏100・497上。

又云：

> 今立等者，謂依《止觀》第五陰境之初所立一念三千不思議境也。當知彼文是一家所傳之的旨，論主（指湛然）發解修觀既依彼文，故今樹立圓頓義宗顯示無情有性（指無情有佛性），的依彼文也❽。

智圓所持此看法，基本上是符合湛然自己的看法，亦即湛然視天台《摩訶止觀》的「一念三千」乃是終窮究竟極說。如《止觀輔行傳弘決》云：

> 故大師（指天台智者）於《覺意三昧》、〈觀心食法〉、及〈誦經法〉、《小止觀》等諸心觀文，但以自他等觀，推於三假，並未云一念三千具足，乃至《觀心論》中，亦祇以三十六問責於四心，亦不涉於一念三千，唯《四念處》中，略云觀心十界而已，故至《止觀》（指《摩訶止觀》）正明觀法，並以三千而為指南，乃是終窮究竟極說❾。

由此也可知湛然對《摩訶止觀》一念三千之推崇，且將此一念三千作為理具思想之依據❿。

同樣地，智圓對湛然視一念三千為終窮究竟極說，於〈法

---

❽　同上，511上。

❾　大正46・296上。

❿　參❸。

華玄記十不二門正義序〉中有進一步說明，其云：

> 一家所談剎那妄心，即三諦理，具足三千依正之法，唯
> 在《止觀》陰境之初，至於諸文曾未點示。良以《止觀》
> 是己心所行終窮之說，故並以三千而為指南，是知三界
> 無法，唯是心作。心如畫師造諸五陰，故色從心造，全
> 體是心，此能造心具足諸法。若不本具，云何能造？故
> 觀所造唯見理具❶。

此明吾人剎那妄心即是三諦理，且具足三千法。至於為何就
心而論，因為色從心造，心攝一切法，且《摩訶止觀》所談
的是己心所行法門，故特別就心而論。由心造了解到心具，
再由心具了解到本具理具，因為心本具一切法為心造之基礎，
若無理具，若心不本具一切法，則心不能造諸法。故由觀心
所造諸法而了解理具之道理。而這些的理論基礎，依智圓的
理解，在於《摩訶止觀》所明的五陰境之識陰。

二、理具唯心之涵義

㈠理具之涵義

所謂理具，是指理具足三千法（諸法），此理是指諸法
寂滅之理，亦即是諸法之理體，若運用於不同事物上，則有
不同之名稱，如天理、常住真心、心性、性、真性、體、法

---

❶ 卍續藏101·83上下。

身、真身、佛性、空、涅槃等。智圓於其諸多論著中，所要闡述的是如何開顯此理、如何掌握此理、如何實踐此理，所以其對理有諸多之描述，如〈首楞嚴經疏序〉云：

夫覺理圓澄，杳無能所；真精湛寂，詎有迷悟。既而漚生巨海，雲點太清，晨朝攬鏡謂失頭而怖走，瞖目生華睛結果而佇立於戲；一念妄心既動，九界之幻境遽現，生死如機以出入，因果交織以起滅，自墜塗炭，真可憐憫**⑫**！

又如〈淨土贊序〉云：

曰天理湛寂，詎可以淨乎？穢乎？延乎？促乎？彼乎？此乎？而思量擬議者哉？然而悟之則為聖、為真、為修德、為合覺、為還源、為涅槃；迷之則為凡、為妄、為性德、為合塵、為隨流、為生死。大矣哉！聖人之先覺也，憫其未覺焉。於是乎土現清淨，壽延無量，端拱東向而慈眼無偏視，俾我群迷厭穢而忻淨，惡此娑婆而取彼安養矣！既而升寶剎，覲法王，目神變，耳妙訓，則湛然之性不遠復矣！達十方太虛悉我心現，矧依空之土復何有哉**⑬**。

又如〈文殊般若心經序〉云：

---

⑫ 同上，63上。
⑬ 同上，78下〜79上。

> 夫真性之元寂，一法寧存乎？妄心潛動，萬境斯立。於
> 是乎苦樂升降堅乎取捨；凡聖高下重乎去就，方求出離，
> 反致顛墜。……大聖俯察而哀之，將欲指彼妄心復乎真
> 性，爾乃演皆空，說無住處❹。

　　由上述三段引文，吾人可得知智圓所謂的理或真性，是指湛
然元寂不可思議，而可說者乃是透過迷悟染淨等諸緣而論述
之❺，尤其就心而明之，以顯示諸法無體性寂然，此即是諸
法之理，故言理具諸法。同時，我們也可看出心於此所扮演
之角色。

　　理於心，則稱之為心性，或言心性之體，智圓往往透過
心來顯示此理體，或透過心顯示實踐之法門，於下申述之。

㈡唯心之涵義

　　對智圓而言，理具唯心乃一體之兩面，其理具思想往往
透過唯心（或心性）來加以表達，其觀行法門亦透過唯心來
實踐。因此，無論於教理上或觀行上，對智圓而言，唯心扮
有一相當重要之角色。

　　所謂唯心之心，是指吾人剎那之心（剎那妄心），此心
即是三諦理，具足一切諸法，如〈法華玄記十不二門正義序〉
云：

---

❹　同上，65上。

❺　如〈佛說阿彌陀經疏序〉云：「夫心性之為體也，明乎！靜乎！一
　　而已矣。無凡聖焉，無依正焉，無延促焉，無淨穢焉。及其感物而
　　動，隨緣而變，則為六凡焉，為三聖焉，有依焉，有正焉，依正既
　　作，則身壽有延促矣，國土有淨穢矣!」（卍續藏101‧68上）

> 一家所談剎那妄心，即三諦理，具足三千依正之法，唯
> 在《止觀》陰境之初，至於諸文曾未點示，良以《止觀》
> 是己心所行終窮之說，故並以三千而為指南，是知三界
> 無法，唯是心作，心如畫師造諸五陰，故色從心造，全
> 體是心，此能造心具足諸法；若不本具，云何能造？故
> 觀所造，唯見理具，不見諸法，唯一心性，待對既絕，
> 心性亦忘，尚無於同，何況有異，我心既爾，生佛咸然。
> 一一常同，彼彼自異。若論修觀，必在自心，如此之境，
> 名諸法體；如此之觀，名諸法源，不同徧（偏）指真如，
> 亦異一切唯識❶。

此段引文中，智圓已將其唯心觀念作了清楚地說明，同時，
也點出了唯心與理具間之關係，以及如何透過唯心修觀。為
便於理解，以下將上述引文加以分解說明：

1. 引文中首先告訴我們：「剎那妄心」即是理。此剎那
妄心即是《摩訶止觀》十乘觀法中之第一觀「觀不思議境」
之「陰入界境」中的識陰，亦即是五陰之識陰，此識陰即是
心，亦即吾人剎那之心，智圓稱此心為剎那妄心。然此剎那
妄心即是三諦，即是理。

2. 此剎那妄心之特色，是具足三千依正果報之法。心之
所以具足三千之法，在於心是理，理具三千，故心具足三千
法。

3. 因為心本具諸法，所以心能造諸法，一切諸法從心所
造，一切諸法唯是心作。然若從諸法理體而言，諸法寂滅無

---

❶　卍續藏101・83上下。

有諸法，故一切法唯心作。

4.既然諸法唯心造，所以諸法無體，唯一心性，唯見理具，若至泯絕對待，心性亦忘。至此，心性不可得，況有諸法乎？

5.此顯示智圓所謂的剎那妄心的理觀，不同於偏指清淨真如之他宗，亦不同於自宗（如知禮）將心視為妄。

由是得知，智圓對理具之表達，往往直就心性明之，如〈佛說阿彌陀經疏序〉云：

> 夫心性之為體也，明乎！靜乎！一而已矣❶。

又如〈觀音行門統攝眾行論〉云：

> 或者曰：若然者，則觀音所說三慧開悟之門，既總能攝眾行，則應無自體矣！果於何法而開悟耶？
> 對曰：子之惑深也。豈不知總攝之中而有兩異耶！一則專在耳根，非從餘法；一則觀理直入者，謂聞常住真心也。然後生滅既滅，寂滅現前，故曰從聞思修入三摩地也❶。

此中值得注意的，是「觀理直入」，所謂觀理直入，所指即是理觀，亦即就常住真心入手。此常住真心即吾人剎那之心，亦即吾人之心性。所以理觀乃觀吾人之心性，故智圓直就以

---

❶　同上，68上。

❶　同上，76上。

心性來表達理觀，顯示《楞嚴經》所欲表達之道理，如智圓於〈觀音行門統攝眾行論〉中接著說：

> 然則《楞嚴》開顯，咸歸心性。心性無外，攝無不周。若達此旨，雖修偏心，亦成楞嚴之大定也；雖是麤心，還成妙境，扶律談常，事即理故❶。

由此顯示心性於觀行之重要性，若能直就心性而修觀，雖偏修心，但亦能成就楞嚴大定。

三、智圓對知禮之反批

(一)知禮對山外之批評

若我們從前述對智圓理具唯心的思想來看知禮對山外派所作的批評，我們可以看出批評者與被批評者兩者之間存在著某程度之不同，亦即彼此之著重點是不同的。

有關知禮對山外派之批評，主要有兩方面：（詳細內容請參見本書第三章）

1.批評山外只講理不講事。

2.批評山外只談真心不談妄心。

若就這兩點來看，知禮的批評在某程度上是不理解山外派，表面上看山外派的思想，是論「理」談「真心」，然實際上並不如知禮所評的不講「事」不談「妄心」，因為山外派同樣重

❶　同上。

視即事而理，即妄而真，真妄理事不可偏離。以智圓而論，其所談之心，是吾人剎那之妄心，就此妄心（識陰）顯真顯理，就此妄心而起觀行。所強調的是如何由此妄心開顯理，了知諸法本寂心性亦不可得。所以由心入手，由心了知理具之道理，亦由心了知諸法寂滅之道理，因而凸顯心性理體無生無滅之道理，並非如知禮所謂的只談理只談真。尤其從智圓理具唯心所表達的即妄而真來看，同時批判了執妄或執真的偏執。

㈡智圓對知禮的反批

從山外派所留下來的文獻中，我們很少看到山外派對知禮之批評的回應。在山家所保留的文獻中，山外派人物往往是受批評的對象，如源清、慶昭、宗翌等人。然而，我們從智圓的論著中，可以發現其對知禮的觀點及知禮的批評作了某種程度上的反批。

以目前所留存下來的文獻來看，大約在智圓三十一歲時，即對自家宗派的一些觀點展開批評，這可由《金剛錍顯性錄》得知，由此亦可得知智圓思想相當犀利。以下就智圓對知禮之批評列舉陳述之。

1.內外二分

知禮視內心理具為內，餘為外，智圓作如下評：

> 比見有人以內心理具三千為內，自己色質、自己依報及生佛依正俱名為外者，得非失旨乖文乎！又若專據《止

觀》揀境之文，不求其旨者，何必依報色陰是外，則三陰（受、想、行陰）之心亦應屬外，諸有智者一（應）為思之❷⓿。

此是針對知禮將內心理具三千視為內而形成內外二分之情形加以批評。依智圓的看法，內外是不能二分的，之所以有內外之分，乃是就迷而言，如其云：

迷謂內外，悟唯一心，若謂內外懸殊，順迷也❷①。

若視內外為二，視內外為懸殊，此乃是順迷而立論。依此立論，自然地會將心視為內、視為理、視為理具三千，如此一來，則視自己色質、自己依報、眾生依報正報、諸佛依正報皆為外，甚至受、想、行陰亦皆是外。基本上，知禮即是以此論點來批評山外只談心及將心視為理。然吾人從智圓對知禮的反批中，我們可以了解到知禮對山外「心」之批評，並沒有真正理解到山外心的義涵。同時，也可以反映出山家對色心的理解，是就色心二分或內外二分上入手，故而以此來理解山外心之涵義。對知禮的色心內外二分，智圓評之為「失旨乖文」，且進而批評知禮的觀點，不單視五陰之色陰為外，甚至可以推出連受陰、想陰、行陰等三陰皆應屬外在的情形，而唯有識陰才屬於內。此於理上是說不通的，因為受、想、行、識等四陰，皆屬於心法，若唯認識陰是心，此與理相背，

─────────────

❷⓿　卍續藏100‧506上下。

❷①　同上，507下。

且有違《摩訶止觀》之旨。

　　知禮的色心二分、內外二分，進而導致理事二分之情形，對此智圓亦加以評述之，如下述之。

2.理事二分

　　智圓對知禮之理事看法作如下評：

> 他人又據《輔行》理事二造及《義例》淨心遍歷等文，乃謂約教開解，雖一切唯心，若脩觀時，唯觀內心理造三千，未關事造外境。若修內觀，恐心向外；若修外觀，恐心向內。如修內觀者，須待內心理顯，方以理顯淨心遍歷外事；若相似顯，乃以相似淨心遍歷；若分真顯，亦然。如修內（案：應是「外」之誤）觀，須待外色理顯，方以一塵淨色遍歷內心及餘塵等。今問：若心具三千不關事造者，則事造夐居心外，理境但在身中，正同外道器果之計也。若然者，伐樹得根，炙病得穴之喻，甚為無用。何者？既內心惑滅理顯不關外色，須以內淨心偏歷方泯合者，此乃伐一根已死，枝條全生，更須遍斬千枝，千枝方死；炙一穴病差，六分病全在，更須偏燒六分，百病方差。既千枝全活，何名伐得其根？既百病全存，何名炙得其穴？豈唯《止觀》喻意虛設，仍顯今論（指《金剛錍》）全是徒施。……
>
> 一家所立不思議境於一念中具三千等，據此等文，既觀心具三千，便了無情有性，何曾理具不關事造耶？況無情草木正是事造。又論文始終只談一念三千便收事造，

不離一念，曾無一處言觀成理顯，方歷事造也❷。

在此智圓是以觀事即理與觀理即事來批評知禮將理事二分，因為理事二分，所以形成了理具不關事造之情形，以及待內心理顯才能遍歷外事之情形或待外色理顯方能遍歷餘塵及內心。對此智圓加以反問，且評之為是外道計果的看法，如上引文中云：「若心具三千不關事造者，則事造竟居心外，理境但在身中，正同外道器果之計也。」

　　依智圓的看法，理具心具即是事造，非於事外求理，同理，既能由事顯理，亦可依理攝事，理事本相融不可分。再者，理是否能遍的問題，依智圓的看法，理是遍攝一切法，不須待內心淨才能遍歷外事，就理本身而言即能遍歷，不關內心淨不淨問題，亦不關外色淨不淨問題，就理本身而言即具普遍必然。如此才能顯《摩訶止觀》之「伐樹得根、炙病得穴之喻」的道理，若理不具備有遍歷義，心不具備有遍攝義，則此譬喻成為虛設。

　　在此，我們可以看出智圓對知禮將理事二分及偏於事法的反批。

　　智圓甚至批評不了心偏性偏的道理而想證道，此猶如探鷲巢而求鳳，是不可能之事，如其云：

　　　　當知不了有情心偏性偏，而謂草木自具三千，依此所解，而欲證道者，非猶探鷲巢而求鳳，入坎井以捕鯨，雖加至勤，非其所也❸。

───────────────

❷　同上，506下～507上。

3.偏妄之批評

知禮偏立妄心為解行事理之要，智圓評之為不知即妄而真，依智圓之看法，解行事理之要，在於即妄而真，若偏妄或偏真皆有失，如其云：

> 今家所立離真無妄，離妄無真，指無明心即三諦理，故《止觀》觀乎陰心、煩惱心、病心等皆成不思議也，故《輔行》云：今用陰等十法為境，不同常途別立清淨真如無生無漏，如是觀者，如離此虛空別更求空。須知一家所立心性，即妄而真，若解若觀，其理咸爾，偏真尚失，偏妄可知。……是以無常即常，妄即真故，二法一揆，方離偏指之失。
>
> 觀見學斯宗者不了此旨，乃云：今家偏指妄心為境，未得言真，遂偏立妄心為解行事理之要，不知即妄而真方為要也❷。

此明離真無妄，離妄無真之道理，顯示即妄而真，故無明心即是三諦理，以此批評知禮偏指妄心為境，未得言真，故有偏失。

由上述所論述之批評，包括色心、理事、真妄等問題，可將之歸諸於「心」來看，由於心屬內亦屬外，心是事亦是理，心是妄亦是真，心是能亦是所，故觀行上若能掌握心，

❷ 同上，513下。
❷ 同上，532下。

就唯心入手，是非常切要的，甚至由此可知無情佛性義，如《金剛錍顯性錄》云：

> 妄心偏計，灼然屬事，此事即理，常具三千，故約心性能造諸法，須知心法通能通所，如過去造現，即現在色心俱為所造；若現造於現及現造於當，則現在之心復為能造。迷心既爾，悟心亦然。……故知迷悟之心俱能俱所，世世念念委作可知。然心性非迷非悟，迷悟由緣，故知心性終成能造，色等諸法既皆由心變，終成所造，雖分能所，不出唯心，故觀所造唯見心具。……雖信心具三千，復謂有情有性，無情無性者，則是自疑己心耳。何者？既知心具依正，復云無情無性者，則成國土一千在於心外，豈非疑己心耶？今有學山家教門者，知一念三千，而言無情無成佛義，正當此失❻。

由此可了解智圓對山家無情無佛性之批評。

延續著對心看法之不同，如心佛眾生問題、色心問題等，智圓對山家亦加以批評，引述於下：

> 他人不解皆本於心，雖云：不但心造三千，生佛亦造三千，不知皆指生佛心也。又云：國土自具三千，不知國土全是心❼。

---

❻ 同上，562下～563上。
❼ 同上，508下。

又云：

> 當知一家所立有情心具三千該收依正者，深窮佛旨也。
> 學斯教者，既昧厥旨，但見唯色唯香及色外無法等言，
> 不了色心體一，便謂草木國土自具三千，殊不求文始末
> 之意❷。

以上皆可說因對心看法不同所產生的問題，而智圓對知禮觀點之反批，主要仍以扣緊心而來，知禮的偏妄心重事法皆成了智圓批評的對象❷。

若總歸上述智圓之種種反批，智圓主要是就六點來加以批評知禮，即就枉凡、誣聖、背悟、順迷、乖文、失旨等六點批評之，認為知禮所主張的妄心事法觀，基本上有此六點之缺失，如《金剛錍顯性錄》云：

---

❷ 同上，511下。

❷ 有關事法觀心之批評，如《金剛錍顯性錄》云：
「請觀今文四十六問已示不思議境，尚云：必欲修習，觀法未周，況諸文託事附法曾未略示三千，應知未可修習。
他又救云：講授諸法之次，豈遍修行之機，故須懸取止觀之境來消事法，觀文所堪，或曰：槃特唯誦一偈尚獲聖果，事法觀心豈令彼機緣依而修習。若然者，乃是以止觀隨機面授，深違大師遺囑也，遺囑云：止觀不須面授。私記時為人說。……今試通之，且槃特是佛世機緣，今論末代根性；又槃特所證是小，今之所取是圓。如諸聲聞位登極果，方等彈斥，般若被加，來至法華三請四止，猶須廣略法、譬、因緣，殷勤鄭重，仍有未了，來至涅槃（時）。豈有末代鈍根唯依一二句事法觀心便能證理邪？」（卍續藏100・562下～563上）

他人見內心若淨之言，便謂是入相似分真後，方能徧歷
事造者，甚為乖謬。《輔行》云：所言歷者，謂巡撿也，
豈分真位人巡撿觀察，外境方泯合邪？諒其所失尤多，
略說有六：枉凡、誣聖、背悟、順迷、乖文、失旨。初
心所觀一念三千該收無外，故能隨對事境咸了唯心，今
謂初心不觀事境，則事在心外，枉凡也；三千分顯，得
其事用，如鑒現象，任運周徧，豈待將分顯之心徧歷方
泯合耶？此誣聖也；迷謂內外，悟唯一心，若謂內外懸
殊，順迷也；不許一心徧攝，背悟也；諸文不說，理顯
方始徧歷，今論《金剛錍》仍談內具全攝事境，若謂
內具不關外事，理顯方乃徧歷，乖文也；但見理事二造
之文，先內次外之語，不能一貫，便謂條然，失旨也㉙。

結　語

　　從前述的論述探討中，吾人了解孤山智圓的核心思想在
於理具唯心，其與四明知禮的爭論，亦可說在於對理具唯心
的看法把握不同所致，雖然山家山外彼此都承傳荊溪湛然的
理具思想，同時也都強調觀心的重要性，然而彼此對理具的
看法和對觀心的掌握卻有所不同，尤其理與事的關係、理與
心的關係、心與色法的關係、心為真為妄、心為能為所等的
詮釋有顯著差異，因而形成彼此間的對立與爭辯。加以彼此
雙方各有所強調和各有所偏重（如山家強調妄心事法，山外
著重真心理法或唯心來立論），此偏重本無可厚非，但在缺

㉙　卍續100・507下。

乏對對方如實的了解之下，難免引發爭論。

就大體而言，有所偏就難免有所缺失，如山外強調唯心，一切導歸於心來論述，以心能造論述心性理體，心造諸法，心攝一切法，不論是教理的開顯（如理具三千）或觀心的實踐，皆就唯心而論之，強調即妄而真、即事而理，對真對理的把握。山家所強調的是相對於山外的唯心、真心、理等而來，故強調事法、強調妄心，反而因此忽略了對理的闡述，而一味以為就妄就事則可，這也可以看出知禮為眾生設想之悲心，強調就妄就事而修。然對山外而言，若未能把握即妄而真之真，及未能把握即事而理之理，未能了解心偏性偏之道理，而欲證道猶如探鷲巢而求鳳、入坎井以捕鯨，雖勤加用功，也達不到目的。同樣地，知禮對山外的這種看法亦有所批評，認為是「杜初心入路」❸。

---

❸　如知禮《十不二門指要鈔》云：「若也（案：「他」之誤）偏指清淨真如，偏唯真心，則杜初心入路。」（大正46・709下）

第五章　四明知禮「具」思想之探討

前　言

　　知禮(960～1028)，在宋代天台宗諸大師中，的確顯得相當獨特，以個人一己之力和山外諸師（晤恩、源清、洪敏、宗翌、慶昭、智圓、繼齊、元穎、子玄、咸潤等）對抗❶，這是中國佛教上少有的現象，也是整個中國思想史上少見的。其高徒仁岳在知禮的調教之下，更是青出於藍❷。此在在顯示了宋代天台善於論辯，知禮以一己之力筆戰群雄，即是一

❶　此之論辯，導源於《金光明經玄義》廣略本之問題（詳參本書第三章第三節），而參與這場論爭之人物，有晤恩、源清、洪敏、慶昭、智圓等山外派諸師，知禮則以一己之力和他們論辯。此外，知禮除了於《指要鈔》抨擊源清、宗翌對〈十不二門〉注疏之不當，又立「別理隨緣」說，此遭到了繼齊、元穎、子玄之非難，知禮作〈別理隨緣二十問〉反擊之。另對《請觀音疏》之理毒問題，知禮撰〈辨用一十九問〉及〈消伏三用章〉駁斥智圓《闡義鈔》的立論，咸潤則撰〈籤疑〉質疑知禮。而另一論戰，則是知禮《妙宗鈔》法身寂光有相及心具色具等所引發的問題，咸潤撰〈指瑕〉駁斥之，而知禮之弟子仁岳撰〈抉膜書〉回敬咸潤。後來，知禮又與其高徒仁岳打起論戰。

❷　此從仁岳輔助知禮論破山外諸師可得知，另從後來仁岳與知禮的對論之，亦可看出仁岳在這方面的才華。

明顯例子，這從知禮諸論著中大多涉及評山外諸師論點可知。

在知禮的諸論著中，有諸多處評述他人，且往往因不滿山外派之論點而作，如《金光明經文句記》、《金光明經玄義拾遺記》、《十不二門指要鈔》等，其中又以《十不二門指要鈔》對山外的批評尤烈。另如《十義書》、《觀心二百問》、《釋難扶宗記》等皆是針對山外之觀心問題而發難。其他如《觀無量壽佛經疏妙宗鈔》、〈解謗書〉等，則是與其弟子仁岳的論辯，其論辯的對象雖非山外諸師，卻是知禮的高徒仁岳，在知禮的諸弟子中，仁岳慧解高超，擅長於論辯，於二十初頭，即已嶄露才華，輔助知禮對抗山外諸師，是其他弟子所望塵莫及的，也特別得到知禮的賞識，但卻在仁岳三十多歲時，為真理與知禮展開論辯，最後不得不背離知禮❸。

因此，吾人可以看出知禮一生皆在為護法而戰，不論和山外派諸師，或和其愛徒之論爭，皆顯示了知禮為法之堅持及為法之努力❹。

知禮的這種堅持和努力，多少反映了宋代天台學在把握上的紛歧。與他宗的對決上，強調性具性惡以顯自宗之特色；與自宗的對決上，強調事和妄；與仁岳的對決上，則發揮法身寂光有相等。知禮為何如此做？是為了維護自宗之特色，但同樣地道理，山外諸師和仁岳又何嘗不是為了維護真理。如此一來，更凸顯出宋代天台學的紛歧性與多元性。

然不論其論辯之結果如何，知禮本身皆擔當了此論辯之

---

❸ 詳參見本書第六章〈淨覺仁岳對其師知禮之「背判」〉

❹ 此可由知禮的諸論著中可看出，除了行法、懺儀外，知禮早期的論著皆跟論爭有關，乃至晚年之作，亦不離此。

重要角色，或可說是此論辯之主角。而其以何作為立論之基礎，則成為探討之焦點。

一、性具性惡說

知禮的整個核心思想，可以「具」一字來概括，此一具字，有諸多表達方式，所謂理具、性具；心具、色具；因具、果具；……等等。而由此性具發展出性惡思想，以作為天台思想之表徵，和他宗分判之所在。

在知禮的諸論著中，皆以此性具思想為其核心理論，廣談性具思想，其中又以《十不二門指要鈔》最具發揮此理論，故下列以此為主軸來論述，餘者輔之加以說明。

有關知禮對「具」的論述，是屬於多方面的，如以「具」明即義，作為和他宗之不同；又如以「具」論相攝，以顯諸法之互具互融；另如以「具」顯自行化他，而以性惡為性具之極致。諸如此類，皆顯示了「具」之思想於知禮學說所扮演角色之重要性。換言之，知禮的學說理論是不離性具性惡的，以性具性惡作為其理論之核心，及以性具性惡來凸顯自宗之特質。以下分五方面，來論述知禮對「具」的看法。

(一)以具明即義

所謂理具，即是指理性本具三千，若細分之，即是理具三千、性具三千，乃至心具三千等，皆依不同對象而賦予「具」之名稱。

知禮之所以特別強調具，乃在於以「具」作為圓教之所

詮，以此作為即義之分判，如《指要鈔》云：

> 應知今家明即，永異諸師，以非二物相合及非背面相翻，
> 直須當體全是，方名為即。何者？煩惱生死既是修惡，
> 全體即是性惡法門，故不須斷除及翻轉也。諸家不明性
> 惡，遂須翻惡為善，斷惡證善，故極頓者仍云：本無惡，
> 元是善。既不能全惡是惡，故皆即義不成❺。

在此，知禮界定了「即」之涵義，是指「直須當體全是，方
名為即」。接著進一步說明何謂當體全是，是指煩惱生死全體
即是性惡法門，基於此理由，所以不須斷除煩惱生死；亦無
須翻轉煩惱生死，因為生死煩惱皆是性所本具，故以此解釋
「即」義，用以區別與他宗之不同，且認為他宗不明性惡，
故即義不成。

知禮亦以此「具」來分判諸教，如《指要鈔》云：

> 若不知具，但直觀心，何殊藏通？藏通何曾不云觀心。
> 縱知心體是中，若不云具，未異別教教道也❻。

此明顯以「具」來分判藏、通、別、圓等四教，因前三教皆
不明「具」，故皆非圓，唯圓教獨顯具，故以「具」顯圓教
之特色，如其云：

---

❺ 大正46・707上中。

❻ 同上，712下。

圓家明性，既非但理，乃具三千之性也❼。

此強調性具三千乃圓家所明之性。尤其在他宗之圓與自宗之圓的對決中，以「具」作為分判，如其云：

> 故知他宗極圓，祇云性起，不云性具，深可思量。又不談性具百界，但論變造諸法，何名無作邪（耶）❽？

在知禮的看法中，不談性具，仍非圓宗，且非無作。換言之，知禮是以性具論圓，以性具明無作。

㈡以具明相攝

對於心、佛、眾生三無差別，知禮則以「具」來加以闡述之，認為佛具三千，方攝心、眾生；眾生具三千，方攝佛、心；心具三千，則攝佛、眾生，如《指要鈔》云：

> 三法體性各具三千本來相攝，……又此性體非謂一性，蓋三千性也，以佛具三千，方攝心生；生具三千，方融心佛；心具三千，豈隔生佛？若心無佛性，豈能攝佛？佛無生性，何能攝生？故性體無殊之語，有誰不知；一切咸遍之言，須思深致❾。

---

❼ 同上，710中。

❽ 同上，713下。

❾ 同上，712下。

此明心佛眾生各具三千性，所以能相攝互融。反之，若佛無眾生之性，則不能攝生；心無佛性，則不能攝佛。且強調此性體，乃是三千之性，而非一性之性。

另亦以心、佛、眾生各具理事來明三無差別，如《指要鈔》云：

> 華嚴心造之義，彼經如來林菩薩說偈云：心如工畫師，造種種五陰，一切世間中，無法而不造。如心佛亦爾，如佛眾生然，心佛及眾生，是三無差別❿。

對此三無差別，接著引湛然《輔行》釋之，其云：

> 《輔行》釋云：心造有二種：一者約理，造即是具；二者約事，即三世變造等。心法既有二造，經以心例於佛；復以佛例於眾生。故云：如心佛亦爾，如佛眾生然，是則三法各具二造，方無差別⓫。

依知禮的解釋，心佛眾生之所以三無差別，乃因為此三法彼此各具備了理具與事造。所以，知禮將《輔行》用以解釋心造之義的理具與事造，擴充用以解釋佛亦有二造（理具與事造），眾生亦具二造，以此來說明三無差別，因為三法各具有理具和事造，所以是三無差別。

---

❿ 同上，708下。

⓫ 同上。

㈢以具明自行

性具三千，乃妙解之所明；亦是妙行之所依，更確切地說，乃是直就心法來明自行，以心具三千作為妙行之所依。

在《指要鈔》中，即是發揮此一念三千為自行之所依；亦以此一念三千為化他能所之可能。本節先就自行論之，有關化他部份下節述之。

作為修行之觀體，往往直就心法來切入，如《指要鈔》云：

> 又此三千法門遍於諸法，若色若心，依之與正，眾生諸佛，剎剎塵塵無不具足。故《華嚴》云：如心佛亦爾，如佛眾生然，心佛及眾生，是三無差別。故今家釋經題，法字約此三法，各具三千，互具互融，方名妙法。然雖諸法彼彼各具（三千），若為觀體，必須的指心法三千❷。

此先明諸法無不具足三千，不論色法或心法或依報或正報等無不具足三千。舉《妙法蓮華經》經題之「妙法」為例，以心、佛、眾生等三法攝一切法，而此三法各具三千互攝互融，因為是各具三千互攝互融，所以是「妙法」，此即是知禮對「妙法」之解釋，換言之，即以諸法各具三千互融為妙法。然就觀行來說，諸法雖具三千，但「必須的指心法三千」為觀體。即是以此一念三千攝跡門十妙，透過十不二門顯示此一念三千。

對於心具三千，知禮特就迷、事而辨，如《指要鈔》云：

---

❷　同上，706上。

又雖諸法皆具三千，今為易行妙解妙觀故，的指一念即三法，妙中特取心法也。應知心法就迷就事而辨❸。

之所以特就迷、事而辨，知禮解釋云：

> 故《釋籤》云：眾生法一往通因果，二往唯局因；佛法定在果；心法定在因。若約迷悟分之，佛唯屬悟，二（指心、眾生）皆在迷。復就迷中，眾生屬他，通一切故；心法屬己，別指自心故。《四念處》節節皆云：觀一念無明心；《止觀》初觀陰入心，九境（煩惱境、……菩薩境）亦約事中明心，故云煩惱心、病心、乃至禪（心）、見心等；及《隨自意》中四運心等，豈非就迷就事辨所觀心❹。

在此知禮列舉了《四念處》、《摩訶止觀》及《隨自意三昧》等來證明觀心之心，乃是就迷就事而辨，以此心作為所觀境，甚至以兩重能所來說明此觀法❺。然後配合十乘觀法之運作，

---

❸ 同上，706中。

❹ 同上。

❺ 如《指要鈔》云：「今更自立一譬雙明兩重能所，如器，諸淳朴豈單用槌而無砧邪（耶）？ 故知槌砧自分能所，若望淳朴皆屬能也。智者以喻得解，幸可詳之。皆為不辯兩重所觀，故迷斯旨。又若不立陰等為境，妙觀就何處用？妙境於何處顯？故知若離三道即無三德，如煩惱即菩提、生死即涅槃。……豈有圓頓更過於此?」（大正46・706下～707上）此透過譬喻強調立陰境為所觀境之重要性，認為若離三道即無三德，同樣地，若不立陰境則無從顯妙境妙觀。另可參見本書第三章第一節中有關知禮的兩重能所觀。

以成就自行因果，如《指要鈔》云：

> 已約心法顯乎妙旨，雖知十妙不離一念，若非妙行，何能成之？故玄文（指《法華玄義》）雖觀心，而且託事附法，蓋非部意，故多闕略。若具論能成之功，須指《摩訶止觀》也，故境等五妙且論諸聖及佛世當機所觀所發所行所歷所究盡法，而我曹稟教行人，如何成就？故令修止觀，用十法成乘，方能親觀妙境，發智立行，歷位證果，故彼十乘能令行人成就自行因果也❻。

由心法開顯一念三千妙旨，此一念三千即攝跡十妙，以此為十妙大綱，亦以此為觀法體。然依知禮的看法，此心乃是事是迷，所以須配合兩重能所及十乘觀法來修，才能成就自行因果。

知禮直就迷、事明心，顯剎那心具三千，以別於以真心顯具❼。則心之變造等，乃皆由心具故如此❽。

就自行而言，從因至果皆不離此三千，三千未顯名因；

---

❻　大正46・707中下。

❼　如《指要鈔》云：「問：若真心往作色心，有從心生法之過者，文云：即心名變，亦有此過邪？

答：不明剎那具德，唯執真心變作，灼然須招斯過。今先明心具色心，方論隨緣變造，乃是全性起修，作而無作，何過之有。」（大正46・711上）

又云：「今即此心變造，乃是約具名變，既非但理變造，自異別教也。」（同前）

❽　同上。

三千顯則為果**⓳**。

㈣以具明化他

眾生之所以能感得諸佛；諸佛之所以能應於眾生，實乃因「具」之故，如《妙宗鈔》云：

> 若但讀文，不名為觀，必須覽經所詮之相入一念心，用空假中微妙之觀，照於心性本具淨土因緣果報，生佛咸然，三無差別。諸佛淨土因果已滿，能應眾生；眾生由具淨土因果，能感諸佛**⓴**。

此明眾生由具淨土因果故能感諸佛；諸佛由已滿淨土因果故能應眾生。此如湛然〈十不二門〉所說的：

> 眾生由理具三千故能感；諸佛由三千理滿故能應。應遍機遍，欣赴不差**㉑**。

湛然的〈十不二門〉之後六門（染淨不二乃至受潤不二），可說皆在點示化他能所之關係。知禮《指要鈔》對此五門皆有詳細地論述，且扣緊著「具」來明之，如「染淨不二門」，知禮解釋云：

⓳ 如《指要鈔》云：「四、因果不二門：……三千實相未顯，名因；顯則名果。隱顯雖殊，始終常即，故名不二。」（大正46・714下）又云：「因德雖具，但為在迷，諸法本融，執之為實。」（同前）

⓴ 大正37・230上。

㉑ 大正33・919中。

> 以在纏心變造諸法，一多相礙，念念住著，名之為染；
> 以離障心應赴眾緣，一多自在，念念捨離，名之為淨。
> 今開在纏一念染心本具三千，俱體俱用，與淨不殊，故
> 名不二[22]。

此乃將染（在纏心）、淨（離障心）相互對舉，以顯示彼此之
間的差異，如在染則一多相礙念念住著；在淨則一多自在念
念捨離。雖有如此天壤之別，然就一念染心本具三千而言，
其亦俱體俱用，與淨不殊。亦即透過心具性具三千，以顯示
染淨不二，淨法所證者亦不離此心具三千[23]。

依知禮之看法，化他法門雖無量，然不出一念三千，如
《指要鈔》云：

> 已上四門（指色心、內外、性脩、因果不二）攝自行法
> 門，同在剎那而為觀體。從此門（指染淨不二門）去，
> 純談化他，而化他法門雖即無量，豈出三千，亦攝歸剎
> 那同為觀體[24]。

此明不論自行法門或化他法門，皆以一念三千為觀體，因為
三千諸法皆攝歸於剎那心中，不離此一念，故以一念三千為

---

[22] 大正46・716上。

[23] 此乃約性德而示，如《指要鈔》云：「約性德直示者，迷悟緣起皆
三千之體，起於妙用，體既不出剎那，妙用豈應離體。」（大正46・
717上）然若就修而言，則有染淨情著理性之別（參大正46・717
上）。

[24] 大正46・717上。

自行化他之觀體。至於如何於化他法門觀一念三千，知禮認
為此在「染淨不二門」有廣示觀門，如《指要鈔》云：

> 此（指染淨不二門）當其首，故廣示觀門，後既倣此，
> 但略點示。不得此意，徒釋十門，空談一念㉕。

又云：

> 故今文先明淨用同在染心，理具情迷，顯發由觀。遮照
> 者，空中名遮，一相不立；假觀名照，三千宛然。復令
> 三觀俱亡，三諦齊照，乃亡前遮照，照前遮（照）故，
> 故各名雙，亡照同時㉖。

上述第一段引文中，說明「染淨不二門」乃置於化他法門之
首，故廣示觀門，而其後之五門對觀門只略點示而已。所以，
應把握此觀門，否則只是徒釋〈十不二門〉，空談一念罷了。
故於上述第二段引文，進而說明其觀門，首先，明淨用同在
染心，即此一念剎那染心具三千，但此只是「理具情迷」，其
顯發須由觀。進而透過空假中三觀觀之，以空觀、中觀觀之，
則一相不立，此為遮；以假觀觀之，則三千宛然，此為照。
藉由空假中三觀之遮照，則終日雙亡，終日雙照，此即是〈十
不二門〉所云：

㉕　同上。
㉖　同上，717上中。

> 故須初心而遮而照，照故，三千恆具；遮故，法爾空中。
> 終日雙亡，終日雙照，不動此念，遍應無方，隨感而施，
> 淨穢斯泯。亡淨穢故，以空以中，仍由空中轉染為淨；
> 由了染淨空中自亡❷。

此即由空、中觀觀一念心，轉染為淨；同樣地，亦由了染淨
而空中自亡，所以是亡照同時。

〈十不二門〉化他法門中的後五門（依正、自他、三業、
權實、受潤不二），皆可說仍圍繞著一念三千來論述，如「依
正不二門」，知禮於《指要鈔》對此門解釋云：

> 初明果用由因本具，……寂光遮那依正不二，全由因德
> 一念三千，儻因本不融，果何能一？縱修治令合，亦是
> 無常，終歸分隔❷。

此明寂光土遮那佛依正之所以不二，乃是全由因德一念三千
之故，亦即果用全由因本具。若非因本具一念三千，若因本
不融，則果亦不融，縱修治令合，終歸分隔。所以，依正不
二皆由因德本具三千故，此性具三千若體若用，若能以空假
中三觀觀之，則能自在體用顯現成就，如《指要鈔》云：

> 性具三千，若體若用，本空假中，常自相攝，微塵本含
> 法界，芥子常納須彌，無始無明強生隔礙，順性修觀即

---

❷　大正33‧919上。
❷　大正46‧717中。

空假中，則自在體用，顯現成就❷。

此乃立基於性具三千，顯化他自在之體用。所以，若能順性修觀，則能成就自在體用。即以空假中觀性具三千，無不是空假中，則能成就化他自在。

染淨、依正、自他不二等所顯示之感應神通，實皆不外一念三千，「諸佛三千即現像之理；眾生三千即生像之性」❸，皆顯示諸佛理具三千故能應；眾生性具三千故能感，而此所現象，皆由性具故，如《指要鈔》云：

> 故知心鑑本明，三千之像本具，對物未能現者，蓋三惑之塵所遮，去塵雖緣了之功，現像乃全由性具❸。

此明因性具三千故能現象。

以身、口、意三業，示權實法，受潤眾生，實皆本具三千故如此❸。

由上所述，可知無論自行因果或化他能所，皆以一念三千為前導，明性具三千，將之收攝於一念中，由此起一心三觀成就自行因果和化他能所，而此等皆亦由性具三千故如此。所以〈十不二門〉以十門收攝十妙，實不外乎此性具三千，如《指要鈔》云：

---

❷　同上，717下。

❸　同上，718中。

❸　同上。

❸　參見《指要鈔》所釋三業、權實、受潤不二等三門（大正46・718中～719中）。

約十妙釋理一，性德三千即空假中，名為境三；境能發智，照此三千即空假中，故名智三；智能導行，契此三千即空假中，名為行三；此是修中論九，九祇是三，一一具三，開合無礙，功成歷位雖有淺深，三九圓融未始差別，三九究盡等彼三千即空假中，名為三法；由空假中方能起用，他機因果亦復如然❸。

此即以一念三千為境觀，觀此一念三千即空即假即中則能成就自行化他，故《指要鈔》云：

若非三千空假中，何能頓止三惑圓觀三諦❹？

又云：

欲知此十皆妙，須了開顯大綱，即三千世間俱空假中，是今經之大體，能開之絕妙。境即此，故事理俱融；智發此，故無緣；行起此，故無作；位歷此，故相攝；三法究盡此，故果滿；生具此，故一念能感，佛得此，故無謀而應；神通用此，故化化無窮；說法據此，故施開自在；眷屬全此，故天性相關；利益稱此，故無一不成佛❺。

---

❸ 大正46・719中。
❹ 大正46・719下。
❺ 同上，705下～706上。

由此可知，性具三千即空假中乃是十妙所詮之大體，而心具三千即空假中妙行之觀體❸。換言之，不論是妙解或妙行皆不外乎「具」三千。而空假中亦是性所本具，運用此空假中三觀則能令三千相攝無礙，成就自行化他。

因此，自行和化他實皆不離性具三千，以此性具三千為自行化導之基礎，配以空假中三觀運用之，則法法皆妙，無一不成佛。

伍以性惡為極

在知禮高度強調「具」的情形之下，更進而以「性惡」（性具惡）來代表自宗之特色，作為與他宗區分之所在，如《觀音玄義記》云：

> 初明善惡法門性德皆具二（案：「二」是指以下就問答兩方面來論述）：
>
> 初問：緣能資了，了顯正因，正因究顯，則成果佛。今明性具緣了二因，乃是性德具於成佛之善，若造九界亦須因緣，九界望佛皆名為惡，此等諸惡，性本具不？
>
> 二答：只一具字，彌顯今宗，以性具善，諸師亦知；具惡緣了，他皆莫測。故《摩訶止觀》明性（具）

---

❸ 依知禮之看法，《摩訶止觀》之十乘觀法，一一乘皆不離三千即空即假即中，如《指要鈔》云：「言觀法者，十乘也。應知《止觀》（指《摩訶止觀》）十乘是別論行相，而一一乘不離三千即空即假即中。」（大正46・706上）此即視十乘觀法為別論行相，而一念三千即空即假即中是總論行相。

> 三千，《妙玄》《文句》皆示千法，徹乎修性，其
> 文既廣，且義難彰，是故此中略談善惡，明性本
> 具不可改易❸。

此乃知禮對《觀音玄義》「問：緣了既有性德善，亦有性德惡
否？答：具」❸所作的解釋，由上述引文的答部份，可得知
知禮以「具」來顯自宗，如云：「只一具字，彌顯今宗」，且
進一步以性具惡（即性惡）為特色，以顯示此為他宗所不知
的道理，如云：「以性具善，諸師亦知；具惡緣了，他皆其
測」，此說明了就性具而言，性具善，為大家所共知的；然而，
性具惡，則是諸師所其測的，更凸顯了此性惡法門之特殊性。

　所謂性惡，乃是指性具九界，相對於佛界而言，餘九界
（指地獄界、鬼界、畜生界、阿修羅界、人道界、天界、聲
聞界、緣覺界、菩薩界）皆是為惡，如前段引文云「九界望
佛皆名為惡」。因此，可知知禮是由性惡法門來對比於他宗所
談的性善法門，以凸顯自宗之性惡不共於他宗。換言之，知
禮認為他宗只明性具善（性德具於成佛之善），並不明性具
惡，故須斷九界才能成佛；而天台不僅談性具善，亦論性具
惡，所以無須斷九界以成佛。雖然由「具」顯自宗，但此「具」
須由性具惡（性惡）來顯之，才能凸顯出自宗與他宗之不同。
這也是為什麼知禮雖以「具」來顯圓教，而實際上是以性惡

---

❸　大正34・905上。

❸　大正34・882下。
　另有關《觀音玄義》之性惡問題，可參見拙著《觀音玄義》性惡
　問題之探討〉一文（《中華佛學學報》第五期，頁173〜189，民國
　81年7月；《天台緣起中道實相論》第八章）。

來代表自宗之特色。

　　知禮由十界互具、性具三千等之具，而開展出性惡，以此作為天台特徵之所在，故特以性惡來顯具的思想。佛眾生雖性具善惡，而佛能了達性善惡本空寂滅清淨，故不為惡所染，一闡提則不能達之，故有被善所染之可能，所以，一闡提可成佛，而眾生與佛之差別，在於染與不染之差，如《觀音玄義記》云：

> 初問：一闡提者，此翻無欲，以涅槃無樂欲故；又翻信不具，以其不信善惡因果故，既無欲無信，名斷善盡。佛已永離五住二死，名斷惡盡。善惡既是理性本具，則不可斷，是何善惡闡（一闡提）佛斷盡？

> 二答：夫一切法不出善惡，皆性本具，非適今有，故云：法住法位世間相常。若因修有，安得常住，……以皆本具故，得名為性善性惡。復以性具染淨因緣，起作修中染淨因緣乃有所生世出世法。若具言者，本具三千為性善惡，緣起三千為修善惡。修既善惡，乃論染淨逆順之事，闡提是染逆之極，故云：斷修善盡；佛是淨順之極，故云：斷修惡盡。若其性具三千善惡，闡提與佛莫斷纖毫❸。

在此問答中，先界說了「一闡提」乃指於涅槃無樂欲於善惡因果不信之人，即指斷善盡之人；而佛乃是斷惡盡之人。然

---

❸　大正34・905中。

而若從善惡是理性本具來看，則善惡不可斷，那麼佛闡提所斷之惡善是何者？此問答即是在解決此難題，在回答中，先明一切法皆是性本具，即性具一切法，性具善惡（因為一切法不出善惡）。由此知，性善性惡乃指性具一切善惡法而言，即性具一切法之意，由此而談「法住法位世間相常」，也就是說，在性具為前提之下，此「法住法住世間相常」才有可能，換言之，知禮即是以性具（善惡）來把握此道理。因為性具善惡，所以善惡不可斷，而言有斷，乃是從修之染淨因緣而論，所謂「本具三千為性善惡，緣起三千為修善惡」，由修之善惡，而論染淨逆順之事，闡提是染逆之極，所以說「斷修善盡」；佛是淨順之極，所以言「斷修惡盡」，然而「性具三千善惡，闡提與佛其斷纖毫」。由此段的論述中，性所具之一切法（善惡）是不可斷不可壞，而所言斷惡修善者，乃是指染淨逆順之事而言，此亦可由知禮《指要鈔》得到佐證，如其云：

問：前云剎那百界有穢有淨，今何須淨？

答：前論淨穢法門，皆理本具，通於迷悟無有增減，即性善性惡也。今之染淨約情、理說，情著，則淨穢俱染；理性，則淨穢俱淨❹。

在此說明了雖理具善惡、性善性惡，然眾生與佛之理之性善惡是無有增減的。所差別者，在於染與不染，眾生情著，所以善惡等法皆成染；諸佛順理，故善惡俱淨。由此可知，所

❹　大正46・717上。

謂斷惡斷善是指淨染而言，佛乃淨順之極，故言斷修惡盡；
闡提乃染逆之極，故言斷善盡。即以染淨逆順明斷善惡，而
非斷性所具之善惡。所以《指要鈔》云：

> 故圓家斷證迷悟，但約染淨論之，不約善惡淨穢說也。
> 諸宗既不明性具十界，則無圓斷圓悟之義，故但得即名
> 而無即義。此乃一家教觀大途，能知此已，或取或捨，
> 自在用之❹。

此顯示了性具善惡為自宗之教理，以染淨為修觀之大途，亦
可由此看出知禮何以如此重視性具之所在，因為性具乃是圓
教教觀之所在。

　對於性善惡為何不可斷？及佛眾生同性具善惡何以有別？
此在《觀音玄義記》皆有詳細地說明❹。佛與眾生之差別，

---

❹　大正46・707中。

❹　參見《觀音玄義記》對《觀音玄義》「問：性德善惡何不可斷？答：
　性之善惡，但是善惡法門，性不可改，……」（大正34・882下）等
　所作的解釋，如其云：「初約理答，善惡是性，性不可改，安可斷
　邪（耶）？既不可改，但是善惡之法門也。法，名可軌，軌持自體，
　不失不壞；復能軌物而生於解。門者，能通，可出可入，諸佛向門
　而入，則修善滿足，修惡斷盡；闡提背門而入，則修惡滿足，修善
　斷盡……。」（大正34・905中）
　至於佛與眾生之差別，在於達與不達，佛能達於善惡，故不為善惡
　所染，而能自在運用此善惡法門化度眾生；但眾生為善惡所染，故
　往往被善惡所縛，如《觀音玄義》云：「問：闡提不斷性善還能令
　修善起，佛不斷性惡還令修惡起耶？答：闡提既不達性善，以不達
　故，還為善所染，修善得起，廣治諸惡；佛雖不斷性惡，而能達於

在於達與不達，即於善惡是否達於本空清淨，如《觀音玄義記》云：

> 初以了達故，不起實惡。提以邪癡斷於修善，既不能達性善本空，故為善染，修善得起；佛以空慧斷於修惡，了達性惡本來清淨，惡不能染，故泯修惡[43]。

此明闡提雖斷盡修善，然因不達性善本空之道理，所以仍有可能為善所染，由此而起修善；而佛已了達性惡本空本來清淨之道理，所以能以空慧斷盡修惡，而不再為惡所染。由此可知眾生與佛之差別，在於染和不染；而染與不染之關鍵，在於不達與達。若能了達善惡本空，則不為法所染；反之，亦然。

由此可知，知禮雖然強調性具善惡，以性具性惡來凸顯自宗之特色，然而性善性惡本空，以此而論性具善惡等一切法；性雖具善惡等一切法，但善惡之性本空，其性本來清淨。知禮對於此番道理，可說是相當明白的，此也可以從其寫給浮石崇矩的遺書得知，如其云：

惡，以達惡故，於惡自在，故不為惡所染，修惡不得起，故佛永無復惡，以自在故，廣用諸惡法門化度眾生，……若闡提能達此善惡，則不復名為一闡提。……如來性惡不斷，還能起惡，雖起於惡而是解心無染，通達惡際即是實際，能以五逆相而得解脫，亦不縛不脫，行於非道通達佛道，闡提染而不達，與此為異也。」（大正34・882下～883上）參《觀音玄義記》對此段文之解釋（大正34・905中～下）。

[43] 大正34・905中～下。

> 吾傳教觀四十餘年，既云樂在其中，不覺老之將至，近
> 以綿痼，百骸俱痛，唯冥妙空，達生死相，相亦非相，
> 去來本常。此乃一心三觀之要。吾在為訓物之柄，吾逝
> 為見佛之基[44]。

此顯示了知禮對妙空之體悟，了達生死相，相亦非相，去來
本常。且認為此道理，乃是一心三觀之要，以此來教化眾生，
以此作為見佛之基。

　　因此，亦可知知禮之性具性惡本身亦不離空理。至此，
讓吾人反省到其徒子（仁岳）與徒孫（從義）對知禮之批評，
認為知禮不知具善惡之性（空、中），此批評仍有待商榷。

二、 理毒即性惡

　　由理具、性具等觀念，推展到性無所不具，具足一切諸
法，所以亦包括惡等諸法，由此而立性惡法門，其意乃指修
惡亦為性所本具，故不須斷，因善惡法門不可斷，所斷者只
是就染淨而言。

　　基於此性惡之立論，知禮將無明惑業等理毒，視之為性
惡，如《妙宗鈔》云：

> 行者應知，圓宗大體非唯報應稱為法身，亦乃業惑名為
> 理毒[45]。

---

[44] 大正46‧905中。

[45] 大正37‧221下。

又如《金光明經文句記》云：

> 以圓三觀觀於陰等，修惡之心即是性惡，名惡法界無法
> 不收❻。

此乃視業惑為理毒，修惡之心即是性惡，因此，知禮以性惡
來解釋《請觀音經疏》的「理性之毒」（理毒），如《請觀音
經疏》云：

> 事者，虎狼刀劍等也。行者，五住煩惱也。理者，法界
> 無閡，無染而染，即理性之毒❼。

此即是將毒害分為三種（事、行、理），而以法界無染而染為
理性之毒，對此理性之毒，知禮將之視為性惡。有關理毒性
惡之論述，主要在於〈釋《請觀音疏》中消伏三用〉及〈對
闡義鈔辨三用一十九問〉二文中，是針對天台智者《請觀音
疏》之理毒所作的處理❽。

---

❻ 大正39・85下。

❼ 大正39・968上。

❽ 此二文皆收集在《四明尊者教行錄》中，在其序中，可得知知禮不
　滿孤山智圓《闡義鈔》對「理毒」的解釋，而撰〈對闡義鈔辨三用
　一十九問〉來質疑之，另又撰〈釋請觀音疏中消伏三用〉，以解釋
　理毒即性惡。
　由孤山智圓的《請觀音經疏闡義鈔》中，吾人可得知，其本身即在
　批判理毒性惡說的看法，如其云：「或謂性惡是理毒者，毒義雖成，
　消義全闕。若無消義，安稱用耶？若云有者，應破性惡，性惡法門
　不可破也。」（大正39・978中）此可說對知禮理毒即性惡所提出的

依知禮的看法，理毒唯在圓教，因為唯圓教談即理之毒，如〈消伏三用〉云：

> 今事毒在欲界，此約果報，故受事名。行毒從色界，盡別教教道以不即理，故別受行名。理毒唯圓，以談即故也。蓋煩惱中，分即不即異故，名行名理不同❹。

此是以「即」和「不即」來區分行毒與理毒。即以行毒不即理表別教所斷，而理毒即理為圓教之不斷斷。如對行毒之消伏，解釋云：

> 牒行消伏用也，五住煩惱者，所消伏毒害也。……此等行人雖能伏斷煩惱，而皆不即法性，如別教教道，縱知能造之心體是佛性，而謂無明自住，以不聞本性具惡法門，故非即理之惑，別人尚爾，前教（指藏通二教）可知❺。

此即以談不談「本性具惡法門」來論即理不即理，因別教所談煩惱不即法性，謂無明自住，所以能消之觀全是次第別修❺。圓教所消伏之毒即理，而知禮為說明即理之惑，則進

質疑，認為性惡是理毒，則有毒義而無消義；若有消義，則破壞性惡，然性惡法門不可破。所以，認為知禮的理毒即性惡是不能成立的。知禮即針對此問題，撰上述二文來回應之。

❹ 大正46・872中。

❺ 同上。

❺ 如〈消伏三用〉云：「五住煩惱者，所消伏毒害也。……五住煩惱

一步以「具」「不具」論之，如其云：

> 理者者，牒理消伏用也。法界無礙無染而染，即理性之
> 毒也者，所消伏也，雖不出能消之相，應以所消顯之。
> 且明所消者，法界是所迷之理；無礙是受熏之德。所迷
> 本淨故無染；受熏變造故而染，全三德而成三障，故曰
> 即理性之毒❷。

又云：

> 然即理之談，難得其意，須以具不具簡，方見即不即殊。
> 何者？若所迷法界不具三障，染故有於三障，縱說一性
> 隨緣，亦乃惑染自住，毒害有作，以反本時三障須破，
> 即義不成，不名即理性之毒，屬前別教等，名為行毒也。
> 若所迷法界本具三障，染故現於三障，此則惑染依他，
> 毒害無作，以復本時染毒宛然，方成即義，是故名為即
> 理性之毒，的屬圓教也。……若不談具，乃名別教。是
> 知由性惡故，方論即理之毒也❸。

非三觀不消，但此三觀攝二乘及三菩薩，修因禪定者，亦伏八地之
愛，此等行人雖能伏斷煩惱，而皆不即法性，如別教道，縱知能造
心體是佛性，而謂無明自住，以不聞本性具惡法門，故非即理之惑，
別人尚爾，前教可知。故此等人所消毒害既當自住，能消之觀全是
別修。」（大正46・872中）

❷　大正46・872中下。

❸　大正46・872下。

第一段引文先明理毒，第二段引文則以具不具判即不即，知禮認為若法界不具三障，則惑染自住，反本時須破三障，所以無即義。若所迷法界本具三障，因染所以現三障，此惑染乃是依染而現，然因本具故毒害無作，所以復本時染毒宛然，此即義方成，以便了解，以表表之如下：

〈別教〉	〈圓教〉
不具三障	具三障
三障因染而有	因染而現三障
惑染自住	惑染依他
毒害有作	毒害無作
反本須破三障	復本時染毒宛然
即義不成	即義方成

由上之對比，可得知關鍵在於「具」「不具」，由本具三障方成即理之毒。

因此可知，知禮將理性之毒，著重於即理性之毒釋之，而此即理性之毒的「即」義，須建立在「具」上，亦即建立在「性惡」上，如其云：「是知由性惡故，方論即理之毒也」❺。

換言之，知禮乃就性具性惡來解釋理性之毒，以顯理毒之「即」義，若非如此，則非圓教即理之毒。是以即性之毒為理毒，如此之消伏毒害，方是無作，故以性惡論理毒。

除此之外，吾人亦可從〈辨三用一十九問〉中，得知知

❺　同上。

禮對理毒性惡之主張，如第一問云：

> 約事約行二種毒害，為理性本具？隨緣發現耶？為理本
> 無因迷始有耶？因迷始有，非今圓義。本具隨緣，能隨
> 之體非性惡耶❺❺？

此乃就理具和隨緣來探討毒害問題，若毒害為隨緣始有，則
非圓教義。若是屬圓教義，則毒害為本具，既為本具，則毒
害乃性惡。此基本上是立基於毒害屬本具，故毒害為性惡。

至於如何消伏理毒？亦用即理以消之，如〈消伏三用〉云：

> 能消伏用者，所消之毒既即理性，能消之用豈不即理？
> 斯乃理慧理定為能消伏也。復應了知消伏用，體是性
> 惡，方得初心，即修中觀，……欲明理消之用，要知性
> 惡之功。何者？以初心人皆用見思王數為發觀之始，前
> 之三教不談性惡，故此王數不能即性，既不即性，故須
> 別緣真中二理破此王數，……若圓頓教既詮性惡，則見
> 思王數乃即性之毒，毒既即性，故只以此毒為能消伏，
> 既以毒為能消伏，則當處絕待❺❻。

透過諸教消伏之對比，顯圓教以即性之毒為能消伏。

---

❺❺　大正46・873中。

❺❻　大正46・872下。

三、法身有相說

知禮將性具思想發揮至極，而主張法身有相、寂光有土。此是透過性具之理論，認為法身具應身、報身；且因為是具，所以三身互具，由此進而推出應身即報身，於《妙宗鈔》中主張八萬四千相好之應身為尊特身，如其云：

> 一家所判丈六尊特不定，約相多少分之，剋就真中感應而辯，如通教明合身之義，見但空者唯覩丈六，見不空者乃覩尊特。生身本被藏通之機，尊特身應別圓之眾。今經教相唯在圓頓，釋能觀觀是妙三觀，釋所觀境是妙三身[57]。

此是由真諦及中道諦來分辨其所感應的為丈六身或尊特身，若見但空，則所見者為丈六身；若見不空，則所覩者乃為尊特身[58]。換言之，即以丈六之生身被藏通二教之機，以尊特

---

[57] 大正37·223中。

[58] 有關四教所見之佛身，據仁岳於〈十諫書〉的記載，知禮原先於《妙宗鈔》並沒有主張此看法，甚至是反對此說法，而此說法乃是仁岳於〈三身壽量解〉中所提出的，後來再版的《妙宗鈔》引進了此看法，如〈十諫書〉云：「〈三身壽量解〉中曾立生身正為藏通小機所現，尊特正為別圓大機所現。此則已就真中感應而辨也。大師（知禮）先來不許斯義，況曾面受訶斥。」（卍續藏95·382左上）由此段的記載，可得知以真中諦判生身、尊特身乃仁岳之看法，而非知禮提出的。

之報身應別圓二教之機。且知禮認為《觀無量壽佛經》其教相唯在圓頓，故丈六身為尊特身。如此豈不混淆了丈六身與尊特身之差別相，故《妙宗鈔》對此進一步提出解說，其云：

> 問：以坐華王具藏塵相而為尊特，三十二相老比丘形而為生身，其文炳著，那云不以相好分邪？
>
> 答：約相解釋四教佛身，此乃從於增勝而說，未是的分相起之本，其本乃是權實二理、空中二觀、事業二識，就此分之，則生身、尊特如指諸掌。……然須了知權理但空，不具心色，故使佛身齊業齊緣，生已永滅，故曰生身、名應、名化，體是無常；實理不空，性具五陰，隨機生滅，性陰常然，名法、名報、名尊特，體是常住。須知依事識者，但見應身不能覩報，以其麁淺不窮深故；依業識者，不但覩報亦能見應，以知全體起二用故，隨現大小彼彼無邊，無非尊特，皆酬實因，悉可稱報❺⁹。

在此問答中，知禮是從「相起之本」（即以「權實二理」為本）來說明所現大小相無非尊特身，其本是指權實二理，知禮認為若依權理則所現相為生身；若依實理，則所現相是尊特身，即以事識所現，不但覩報亦能見應身，因為是由全體起用，隨現大小相皆是尊特身。換言之，知禮認為若依實理、中道觀、業識所現之現皆是尊特身，即知禮以此來解釋尊特身，以此來判定《觀無量壽佛經》所現之佛身為尊特身，為便了

---

❺⁹ 大正37‧223下～224上。

解，表之如下：

生身	尊特身
1.權理	1.實理
2.但空	2.不空
3.不具心色	3.性具五陰
4.依業緣現	4.依事識現
5.生已永滅	5.隨機生滅
6.體是無常	6.體是常住

由上述之探討，可知知禮是從實理性具來界定《觀無量壽佛經》所現佛身為報身為尊特身。甚至亦以此性具思想為基礎，認為《法華經》三十二相為尊特身，如其云：

> 華藏塵相及八萬相雖是尊特，三十二相不局生身，何者？以由圓人知全法界作三十二及以八萬藏塵相好，故三品相皆可稱海，既一一相皆無邊底，是故悉可名為尊特，故《止觀》并《輔行》以《法華》三十二相、《觀無量壽》八萬相、《華嚴》十華藏塵相，同是別圓道品修發法身現相，對斥藏通相非奇特，以驗三經所談相海皆是尊特。然有通局，三十二（相）則通，大見無邊，小見分齊；若藏塵、八萬（相）唯大非小。若也不就理觀等分，此義全失❻。

---

❻ 同上，224上。

此即視《法華》、《觀無量壽佛經》、《華嚴經》所現之佛身，皆是尊特身。但其中又有通局之別，《法華》之三十二相則通，大根器者見三十二相為無邊，小根器者所見只是三十二相；《觀無量壽佛經》及《華嚴經》只限大根器者。不論是三十二相或八萬相或藏塵相，知禮認為從圓教的觀點來看，皆是全法界所作，所以皆是尊特相，因此，《妙宗鈔》云：

> 故知不定以相數多方為尊特，只就不空妙觀見耳❻。

至此，吾人可了解到知禮對尊特身的界說，乃是基於別圓教之不空所作的詮釋，即以不空所見是尊特身，而但空所見是生身。雖皆稱之為尊特，然別圓教之尊特亦有別，如《妙宗鈔》云：

> 問：一等尊特，以何因緣相分三品？
> 答：悉檀因緣故，蓋一類機應以藏塵尊特之相得四益者，故佛稱機而為現之；應以八萬尊特之相；應以三十二尊特之相得四益者，佛皆稱機而為現之。仍須了知此之相海，別教則用別修緣了成就此相，即修成之尊特，故名報身；圓教能了二修即性，修德無功，乃性具之尊特，故名法身❻。

此明別教之尊特，乃修成之尊特，故名報身；而圓教之尊特，

---

❻　同上。
❻　同上，226下。

乃性具之尊特，故名法身。即以一尊特身，隨眾生機而應有
所不同，以三十二相或八萬相或藏塵相而應之，而令眾生得
四悉檀（世界、為人、便宜、第一義悉檀）之益。

至於對《觀無量壽佛經》之判屬，知禮將之判屬為圓頓
教，所以其八萬之相乃屬性具之尊特，如《妙宗鈔》云：

> 須知《華嚴》華藏塵數之相雖多，此以兼別，故猶帶修
> 成；此（指《觀無量壽佛經》）論八萬既唯圓頓，無非
> 性具，故三聖觀，《疏》（指《觀無量壽佛經疏》皆示云：
> 觀於法身。行者當須以教定理，就理明觀，於觀顯相，
> 無得但以多數斥少，使勝成劣，實在精學，然後勤修❻❸。

此乃將《觀無量壽佛經》與《華嚴經》作一對比，以顯《觀
無量壽佛經》所論八萬相皆屬圓教，無非性具；而《華嚴經》
因兼別教，所以猶帶修以成尊特身。最後，知禮強調對於尊
特身的判屬，應以教定理，以理明觀，由觀顯相，簡言之，
即由別圓教之教理來裁奪，不空觀顯之。

如此一來，圓教之法身即成有相，以三十二相、八萬相
等為法身之相，此等之相皆為圓教性具，所以稱為性具之尊
特，或稱為法身。知禮此根據來自於性具，因為三十二相、
八萬相等皆為性所本具，所以，皆是尊特身。由此可知，知
禮在性具的前提之下，視《法華經》之三十二相、《觀無量壽
佛經》之八萬相等皆是尊特身，將天台圓教之三十二相、八
萬相等皆即法身的看法，皆轉向成性具，而成了法身有相。

---

❻❸　同上。

此法身有相之說,遭到其高徒仁岳之非難❻。甚至因為對法身有相見解之不同,導致仁岳不得不離開知禮,乃至撰〈十諫書〉等而諫之,而知禮在其圓寂之前年,不得不為此而撰〈解謗書〉以堅持自己法身有相說之看法,尤其在知禮圓寂之前夕,面對著仁岳所撰的〈雪謗書〉, 由其弟子一邊唸給他聽,而一邊嘆氣,如《佛祖統紀》云:

> 淨覺(仁岳)復述〈雪謗〉, 謂錯用權實以判勝劣,師
> 時在疾令門人讀之,為之太息,既逼歸寂,遂不復辨❻。

依此段之記載,知禮的歸寂似乎與〈雪謗書〉有關,至於真相如何,吾人無從考查,但卻也顯示了〈雪謗書〉對知禮的打擊。而其後之法孫神智從義亦展開對法身有相之批判❻。

四、別理隨緣義

從前面所述中,已可得知知禮相當強烈在分判別圓二教之差異,尤其以「具」作為別圓分判之標準,而其典型之代表,乃是其所提出的「別理隨緣」說,知禮認為若不談「具」,不論隨緣或不隨緣,皆屬別教,如《指要鈔》云:

---

❻ 仁岳先作〈三身壽量解〉以非難知禮《妙宗鈔》之佛身觀;繼而於離開知禮後,又撰〈十諫書〉、〈雪謗書〉諫之。
　另可參見本書第六章〈淨覺仁岳對其師知禮之「背判」〉一文。

❻ 大正49・193中。

❻ 參見本書第七章〈神智從義對「具」的反思〉。

> 故知他宗極圓祇云：性起，不云：性具，深可思量。又
> 不談性具百界，但論變造諸法，何名無作邪？世人見予
> 立別教理有隨緣義，惑耳驚心，蓋由不能深究荊谿（溪）
> 之意也，……故知若不談體具者，隨緣與不隨緣，皆屬
> 別教❻。

在此言下之意，知禮認為其所立別理隨緣乃是依據於湛然的
看法❻，且視別教（引涉他宗圓教）不談具，其雖有隨緣義，
然仍只是別教教義而已，對此知禮進一步舉別教之法性或阿
黎耶生法來證明之，如其云：

> 何者？如云：黎邪（耶）生一切法；或云：法性生一切
> 法，豈非別教有二義邪（耶）❻。

---

❻ 大正46・715下。

❻ 如《指要鈔》云：「世人見予立別教理有隨緣義，惑耳驚心，蓋由
不能深究荊谿之意也，且如《記》（指《法華文句記》）釋阿若文中
云：別教亦得云從無住本立一切法，無明覆理，能覆所覆，俱名無
住，但即不即異而分教殊，既許所覆無住，真如安不隨緣，隨緣仍
未即者，為非理具隨緣故也。又云：真如在迷能生九界，若不隨緣
何能生九？又《輔行》釋別教根塵一念為迷解本，引《楞伽》云：
如來為善不善因，自釋云：即理性如來也。《楞伽》此句乃他宗隨
緣之所據也，《輔行》為釋此義，引《大論》云：如大池水，象入
則濁，珠入則清。當知水為清濁本，珠象為清濁之緣。據此諸文，
別理豈不隨緣邪（耶）？」（大正46・715下）在此知禮引湛然的《法
華文句記》及《止觀輔行傳弘決》來證明別理隨緣義是有其依據的，
換言之，在湛然的諸論著中已說明了此道理。

❻ 大正46・715下。

此明別教理有不變和隨緣義。

　　知禮何以於《指要鈔》立「別理隨緣」？　此乃為了破安國師之立問及學者妄謂別教不談隨緣，如〈別理隨緣二十問〉云：

　　　　子云：《指要》為破安國師立問故，特立別理隨緣者❼⓿。

至於安國師所問為何？〈別理隨緣二十問〉記載：

　　　　如彼問云：別教真如不隨緣，《起信》真如能隨緣，未審《起信》為別？為圓？若別，文且相違；若圓，乖彼藏（法藏）《疏》（指《起信論疏》）❼❶。

此乃在處理《起信論》真如隨緣為屬別教抑圓教問題。依安國師之質疑，《起信論》為屬圓教❼❷，如此一來，豈不形成了天台之圓教屬於終教？因此，知禮於〈別理隨緣二十問〉中，特別設二十問來釐清此問題，顯示別教有隨緣義，故《起信

❼⓿　大正46‧876中。

❼❶　同上。

❼❷　安國之疑問，乃起自於泛學之者妄謂別教不談隨緣所致（不明真如隨緣通於別圓二教），然而因為《起信論》之內容明具無量性功德等，此又類似天台圓教所論，但在法藏《起信論義記》中，並沒有就性善性惡來論《起信論》（參大正46‧876中）。故針對此問題，知禮於〈別理隨緣二十問〉云：「子今若執安國定判終教是今圓者，何故正難云：若圓乖彼藏疏，藏疏正用終教釋乎《起信》，若終教是圓者，作圓說之，恰順藏疏，那云：若圓乖彼藏疏耶。」（大正46‧876下）

論》為別教，且認為若將此之隨緣視為圓教，即是以終教為圓，此圓乃法藏之圓，非天台之圓❼。

在〈別理隨緣二十問〉序中，知禮首先說明法藏立唯識宗之真如凝然不動不隨緣，乃是因為唯識以業相為生法體，其八識生滅縱使轉識成智，亦仍是有為，故不得即理。知禮進而說明別理之所以隨緣，不同於唯識以業相為生法體（無覺無知），而是以真如為生法體，此真如是有覺有知，則可熏變，故有隨緣義❼。進而引湛然之立論為佐證❼。因此，在二十問中，於第一至第三問中，皆在區分唯識業相真如與別教真如之不同，以證明前者無隨緣義，而後者有隨緣義，且引法藏對唯識的看法及湛然對別教的看法來佐證❼。第四至第七問，則以「理具三千」來區分天台之圓與法藏之圓不同❼，第八問中，以法藏圓教之圓談事事無礙主伴重重，擬似天台圓教之一色一香皆中道義，以此證明終教不備此

---

❼ 參大正46・876下。
　另可參〈天台教與《起信論》融會章〉（大正46・871中～872上）。

❼ 參大正46・874下。

❼ 如〈別理隨緣二十問〉云：「故《輔行》云今家教門所明中道唯有二義：一離斷常，屬前二教；二者佛性，屬後二教。別教中道既名佛性，佛非覺義耶？若中道頑騃，本無覺知，焉是大覺果人之性？況性以不改為義，若因無覺義，至果方有，此則改轉，那名性耶？又妙樂云：凡別教中立佛果者，有其三意：一者以理性為佛界；二者以果頭為佛界；三者以初地去分名佛界，豈有頑騃之佛耶？」（大正46・874下～875上）

❼ 參大正46・875上。

❼ 參大正46・875上中。

義[78]。第九問，針對「不變隨緣」來加以釐清，顯示終教之不變隨緣與湛然《金剛錍》之不變隨緣是不同的[79]。且於第十問中，說明權教緣了二因不遍，所以是別教非圓教。第十一至第十五問，皆延續前面賴耶與真如、具不具、本覺與佛性等問題而來，且認為唯識真如無覺知，故不能迷；終教真如有覺知，故能迷，而推知終教真如有隨緣義（如第十四問），另以「不變」為始教終教所共詮，而「隨緣」為終教所詮（如第十五問）。至於第十六至第十八問，則著重於反駁上，如第十六問駁斥別教不即而終教即之說，知禮認為若不談具，隨不隨緣皆是別教。第十七問駁斥性具九界不得差別之說，知禮舉地具桃李為喻，說明無差別即是差別與差別即是無差別。第十八問駁斥終教有隨緣別教無隨緣之說。第十九問以別教煩惱中有如來藏證明隨緣義，第二十問則釐清《起信論》別圓之問題。

---

[78] 參大正46・875中。

[79] 如〈別理隨緣二十問〉云：「彼終教不變隨緣與《金剛錍》所明不變隨緣同耶異耶？若異，則非今圓。若同，《金錍》明真如是萬法，由隨緣故；萬法是真如，由不變故，約此二義，立無情有佛性也。終教雖立隨緣不變，而云：在有情得名佛性，在無情但名法性，不名佛性。既分二派，徒云不變，正是變也，既違《金錍》，那名圓理？」（大正46・875中）

〈附錄〉

法藏：	
唯識	起信論
真如不隨緣	真如隨緣
（始教）	（終、頓教）
………	………
安國：	
別教	圓教
知禮：	
真如無覺知	別理隨緣（真如有覺知）
	此一方面顯天台圓教非終頓教
	另一方面將華嚴圓教視為別教
	（不談具）

結　語

　　從前面的論述可得知，由於知禮相當強調「具」的思想，以此作為圓教之分判，而發展出「別理隨緣」之說，此立說引發了永嘉繼齊、嘉禾子玄、天台元穎等紛紛立論而質疑之；且以「具」的思想，而立理毒性惡之說，以反駁孤山智圓《請觀音經疏闡義鈔》對理毒的解釋，然知禮之立說亦遭到其法

孫從義的駁斥，認為知禮將理毒與性惡混淆❽；另導致其高徒仁岳的「背判」❾，可說是知禮過度膨脹了「具」的思想，由「具」發展出法身與寂光土皆有相的說法，此立論亦為後來的從義所非難，認為知禮只知「具」，而不知「具」乃是假，更忽略了空中理體，幾乎與外道沒有兩樣❿。

　　荊溪湛然以後，「具」的思想，至知禮時，可說得到了極高度之發揮，如理毒性惡、別理隨緣、法身寂光土有相，可說是「具」思想下的產物。對知禮個人而言，其之所以特別強調「具」，有其時代背景及其所要解決的問題，一方面為與他宗對決；另方面為凸顯自宗之特色，因此，以「具」作為其立論之核心，豎立「具」的旗幟以作為圓教之代表，以顯他宗不談「具」，故非圓教，因而另立別理有隨緣義。

　　知禮此立說所隱藏的危機，從其徒孫對他的批判中，可

---

❽　參見本書第七章。

❾　參見本書第六章。

❿　有關法身之主張及批評，牽涉到教理論證之一致性問題。

　　就從義而言，其法身無相之主張及對知禮之批評，依其空中理體之教理論證來看，是可成立的。

　　就知禮而言，其法身有相之主張，依其性具性惡之教理論證及佛之性具性惡來看，也是可以成立的。

　　但，近代學者如安藤俊雄在《天台性具思想論》中，言「智者及湛然，決不說法身及寂光有相。然山家學徒，盲從知禮的見解，不探究智顗、灌頂、湛然教說的真義，豈不是極為可憐？」（頁291，演培法師譯，天華出版，民78年9月，天華一版）安藤氏此批評是不能成立的。因為既然安藤接受知禮性具性惡之教理論證，就理而言，他必須同意知禮的佛具十界法身有相之說，可是安藤不知知禮有關法身有相之立論是具有教理論證之一致性的。所以，安藤的性惡說與法身無相說是相互矛盾的。

窺知其梗概。在知禮本人而言，在理的前提之下，多少能知道體本寂具空假中，以空假中來論述理具，但此立說並不明顯，往往為「具」所隱蓋，或以「具」空假中來論述，因此，所呈現出來的只有「具」的層面，而其他反而不見了，若非從理體本寂的前提下來論「具」，往往會形成與外道所論的因中有果相混同，這也無怪乎從義以非常嚴厲激烈的語辭來批評知禮的「具」思想。

若吾人進一步分析知禮為何只重「具」而忽略了其他層面，可發現有其背景及不得不之苦衷：

㈠唐宋以來，理、體、性等諸觀念，成為一種共識，似乎無須對此等概念加以說明。

㈡為了撇清與山外之界線，限制了其對此等觀念之論述。

㈢同樣地，亦視他宗為別教，只談理而不談具，所以非圓教，此亦令知禮忽略了對理體的論述。

㈣為顯自宗之特色，故加強對「具」的闡述，以「具」來代表圓教。

知禮的整個學說立論，所凸顯出來的，可以以一「具」字代表之。知禮如此重視「具」，發揮「具」的內涵，目的在於顯示圓教，顯示圓教的當體即是、全體皆是法界、全體無作，為表達此道理，認為性具性惡才能如此，因此以性具性惡代表圓教，顯示圓教與諸教之不同，凸顯天台不同於他宗，此一切之判準，皆建立在「具」上。

所以，「具」成為知禮思想之核心，所有的立論皆離不開「具」，在「具」的前提之下，論述圓教教義及詮釋天台理論，雖亦言及即空即假即中，然皆不離理具，以理具來詮釋

空假中。

　　因此，吾人可以看出，知禮對天台思想的掌握，在理體心性的潮流之下，也無可選擇的以理具來詮釋天台思想，而強調「具」的目的，在於顯示天台自宗與他宗之不同，但皆在理體的架構下來運用「具」。

第六章　淨覺仁岳對其師知禮之「背判」

前　言

　　仁岳因仰慕知禮對天台教觀的宏揚，於受具足戒後前往依止於知禮，專心勤學天台教觀，未幾，已盡學天台蘊奧，輔助知禮對抗山外諸師。在知禮眾弟子中，無人能出其右，且頗受知禮之器重。然在知禮晚年，因《妙宗鈔》生身尊特身問題，引發了師徒意見相左，仁岳多次諫諍，最後不得不離師而去，雖離師遠去，然仍為生身尊特身問題繼續向知禮諫諍，至知禮圓寂後，開始對知禮學說的理論核心——「具」，提出反省批判，認為「具」乃是俗諦所立之法，不能將心性所具三千法視為實相，強調實相乃空中理體。由此可看出，仁岳與其師知禮觀點的差異，若以天台空假中三諦來看，知禮所強調的是「具」（假），仁岳所著重的是空中，換言之，彼此在理體的趨勢下，皆就某一面來把握天台思想，也因為如此，造成師徒彼此之間的反目，由於知禮一味的強調「具」，甚至由「具」推論出法身寂光土有相，以及以「具」為判準將他宗教義貶抑為別教。諸如此類，一一皆遭到仁岳的批判，這也是為什麼仁岳要特別強調「具」乃心性所具俗諦法之所在。

　　因此，可窺知仁岳與知禮意見之相左，關鍵在於「具」，而此「具」乃知禮思想核心之所在，卻成了仁岳批判之對象。

　　仁岳從仰慕知禮、親近知禮、輔助知禮對抗山外，而轉向成背離知禮、批判知禮，此種轉向除了刻劃出仁岳修學歷程所面對的挑戰之外，更蘊涵著天台智者思想於宋代天台學者把握之紛歧，諸如山家山外的論爭，乃至山家自宗師徒的反目，在在顯示了天台思想於宋代之紛歧。彼此之論爭，似乎皆有所據，但也都各有其漏失，無法從各自中呈現天台思想較完整的面貌。若能從這些的論爭、諫諍中，吾人進一步加以反省思考，也許有助於吾人勾勒出天台思想之藍圖。

　　為了顯示仁岳與知禮師徒之間的關係，進而襯托出彼此意見的相左，本章以仁岳修學之三部曲來刻劃此歷程：親近知禮→背離知禮→批判知禮，以此三部曲來探討知禮「具」的學說所面臨的挑戰。

一、　親近知禮

　　仁岳(992～1064)於幼年出家，十九歲受具足戒後，約於1010年時親近知禮，如宗鑑所集《釋門正統》云：

> 仁嶽（岳），字寂靜，號潛夫，姜姓雲人。師開元行先，十九進具，學律於錢唐擇悟，能達持犯。聞法智（知禮）最明天台教觀，徑往依止，至水月橋，擲笠採蓮徑中，云：吾所學不就，不復過此橋。法智器之，居以東廡❶。

---

❶　卍續藏130・421右下～421左上。

由此段的記載，可得知仁岳求學之決心，故於渡水月橋時，擲笠於水中，而說道：「吾所學不就，不復過此橋。」同樣地，知禮也對他相當地厚愛器重，讓他住在方丈東舍。

仁岳為鞭策自己之修學，將自己密閉在屋內，連白天都以焚膏來研讀，甚至將家鄉所寄來之書信，未曾啟閱而投於帳閣中，如宗曉〈淨覺法師傳〉云：

> 師雖白晝，而杜諸窗牖，藉膏蘭以偶尋繹，以故屋壁棟梁皆如墨也。至于鄉邦書來，未始啟讀，悉投之帳閣中❷。

此皆可看出仁岳與眾之不同。不僅如此，每遇有疑之處，必博覽群書，如云：

> 每有疑，則攦大厴閱（關）大鑰，而上請益，見者弭之❸。

在志磐《佛祖統紀》亦同樣提及此事，如其云：「法師仁岳，霅川姜氏，自號潛夫，聞法智南湖之化，往依為學，至水月橋，擲笠水中，曰：吾所學不成，不復過此橋，法智器之，居以東廡。」（大正49‧241中）但對於仁岳於何時開始親近知禮並沒有記載。甚至宗曉所編《四明尊者教行錄》〈四明門人霅川淨覺法師〉（簡稱〈淨覺法師傳〉），亦未提及，只言於「妙齡時」，聞知禮大興天台教觀於四明，於是負笈而來（大正46‧916上）。

❷ 大正46‧916中。

❸ 同上。

《佛祖統紀》則如是記載：

> 每請益函文，擷大肆，關大鑰，眾望風畏之❹。

此在在顯示了仁岳之勤學，對問題之追根究底，令見者望風而畏之。

果不負所望，仁岳的苦學勤修終有所成，在其師知禮與山外的論爭中，嶄露頭角助其師一臂之力，如〈淨覺法師傳〉云：

> 時錢塘有慶昭法師開《光明玄義》，略去觀心之文，師輔四明，撰〈問疑〉徵之；四明著《妙宗》，潤公撰〈指瑕〉非之，師作〈抉膜〉以解焉；四明建〈消伏三用〉，潤亦〈籤疑〉鄙之，師作〈止疑〉以止之；四明撰《指要》，談別理隨緣，或（惑）者構難，師作〈十門析難〉以辨之❺。

從引文中的記載，仁岳參與了諸場的論爭，其中輔知禮撰〈問疑〉對抗慶昭恐不合史實，此第一場有關山家山外為《金光明經玄義》廣略本（有無「觀心釋」一文）所引發的諍論，共達

---

❹ 大正49·241中。

❺ 大正46·916中。
此在《佛祖統紀》亦有同樣之記載，皆言仁岳輔知禮撰〈問疑書〉以對抗慶昭（參大正49·241中）。而《釋門正統》並未有此方面記載，比較偏重於仁岳與知禮意見相左之方面的記載（參卍續藏130·421左上）。

七年(1000～1007)之久，在此之際，仁岳還未親近知禮❻，
縱使已親近知禮，也只是一位十四、十五歲的孩子。雖如此，
吾人從此段引文的記載中，仍可看出仁岳於1017年後就已展
露了其辯才，如下簡表❼：

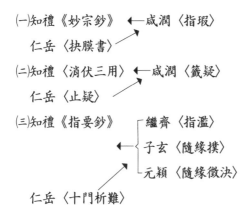

㈠知禮《妙宗鈔》　←　咸潤〈指瑕〉
　　仁岳〈抉膜書〉

㈡知禮〈消伏三用〉　←　咸潤〈籤疑〉
　　仁岳〈止疑〉

㈢知禮《指要鈔》　┌　繼齊〈指濫〉
　　　　　←　　子玄〈隨緣撲〉
　　　　　└　元穎〈隨緣徵決〉
　　仁岳〈十門析難〉

在此之前，由《四明尊者教行錄》所收錄的〈絳幃問答
三十章〉（四明法師問・淨覺法師答），即可看出仁岳於天台
教觀之造詣，如序文云：

> 天禧改元二月四日，延慶座主（知禮）出山家教義凡三
> 十條，寨絳幃問諸子，其詞惟要，其旨甚微。俾無或

---

❻　依《釋門正統》之記載，仁岳乃於十九歲（1010年）受具足戒後，
　　才開始親近知禮的。（參卍續130・421右下）

❼　有關仁岳助知禮對抗山外諸師，所撰〈十門析難書〉、〈止疑書〉、〈抉
　　膜書〉等，收錄於《四明仁岳異說叢書》（卍續藏95・407右下～432
　　左下）。另也因為仁岳撰書評破山外，而保留了咸潤〈指瑕〉、〈籤疑〉
　　及繼齊〈指濫〉、子玄〈隨緣撲〉、元穎〈隨緣徵決〉等部份資料。

（惑）者興布教之功，令不敏者奮強學之志。門人仁岳
率爾而對，斐然成章❽。

天禧元年（1017年），知禮所提出的三十問，仁岳皆能斐然成
章，尤其對於別圓二教之分判及圓教教義的掌握，皆已臻於
成熟，如第十五問：

問：今家以即離分於圓別，既判《華嚴》具此二教，彼
　　經何文談即談離耶？

答：荊溪謂《華嚴經》意兼，含義難分判，祖尚斯說，
　　今何敢評。然而委尋大師引用彼經證於別圓，亦可
　　意解，且如《止觀》引「心如工畫師，造種種五陰」
　　等，證於圓教；《玄義》亦引此文，證於別教，故
　　知談即不談即，難得顯文，但以得意不得意而分兩
　　教。何者？圓人謂心具而造，則諸法無生，即在其
　　中矣；別人謂心不具而造，則諸法自住，離在其
　　矣。若乃諸位行相或一多相即，或次第別陳，荊溪
　　已在諸文備載，此不繁述❾。

在此不單就《摩訶止觀》、《法華玄義》所引用《華嚴經》「心
如工畫師，造種種五陰」來明別圓二教教義，且對荊溪諸論
著了然如掌，更就心具與心不具來區分圓別之即不即，且將
知禮圓教理具性惡教義全然囊括❿。此顯示了仁岳自親近知

禮以來，於此六、七年間，讀盡了天台智者諸大部及湛然諸論著，故能於問答中旁徵博引，且對知禮的思想也能全然學之，靈活加以運用，故能於後來的諸論爭中，助其師知禮駁斥山外諸師。

有關仁岳之如何學習的情形，在寫給咸潤的〈抉膜書〉中，有一段自白，其云：

> 予釋氏中，一疲鈍之士也。幸以好學之志，造延慶(知禮之道場)門下，習山家教觀，十有餘稔。雖未能宣昭祖訓，空洞佛理，而於一言一行，載聞載思，庶緣了之種，不敗亡也⓫。

由此得知，仁岳於知禮之學習情形，乃是於「一言一行，載聞載思」，即藉由聞思方式來學習山家教觀，且於一言一行中用心。另由此亦得知，仁岳撰〈抉膜書〉時，已親近知禮十餘年了。〈止疑書〉之撰寫時間，則比〈抉膜書〉稍晚⓬。

⓾　有關性惡部份，可參考第二十五問答（大正46・880下～881上）。另如〈淨覺法師傳〉云：「既居之有歲，而與師針鉢（芥）相投，筌蹄盡舉。」（大正46・916中）

⓫　卍續藏95・425左上～下。

⓬　此可由〈止疑書〉之前言得知，如云：「中秋後七日，四明山客仁岳再奉書於錢塘梵天闍梨潤公講次。前者盛制〈指瑕〉之外，復有〈籤疑〉數紙，亦斥予師釋《請觀音疏》中「消伏三用」也。師鄙其謬說，委諸侍者用充脂燭，予竊閱之以詳之，因籤以解之，所有疑情，皆為此息，即用止疑二字，目彼此兩文，使消伏之義區以別矣。次〈抉膜書〉寄去，惟加察是幸」（卍續藏95・420左上）。由引文可知，此是再次奉書咸潤，而在撰〈止疑書〉之前，已先撰寫了〈抉

因此，可知此二書之作，皆於1021年後所撰❸，至於〈十門析難書〉撰於何時，則不得知。

從〈絳幃問答三十章〉至仁岳撰書破山外諸師，皆可得知其於山家教觀之造詣，非知禮其他弟子所能媲美的❹。

仁岳除了擅長於慧解辯破之外，亦相當地重視禪定，若逢教學上之難題，欲得解決，則求諸於禪定❺。後因修「請

膜書〉。

❸ 因知禮《妙宗鈔》撰寫於1021年，且仁岳於〈抉膜書〉中亦提及撰此書時，已親近知禮十餘年，由此可得知此二書撰寫時間，約於1021年後。

❹ 知禮門下弟子眾多，如《佛祖統紀》所載：「嗣法二十七人，入室四百七十八人，升堂一千人。」(大正49・213下)其中以廣智尚賢、神照本如、南屏梵臻為主，另浮石崇矩亦頗受知禮之重視。若就此四人而論，南屏梵臻強記博聞，如《佛祖統紀》云：「行文製作，臻不及岳；強記博聞，岳不及臻」(大正49・215上)，不及仁岳擅長撰文。而神照本如擅長於行持，被慈雲遵式選為繼承人(參大正49・214上中)。廣智尚賢繼知禮主延慶寺道場，在慧學方面亦有不少著作(參大正49・213下～214上)，但難以與仁岳抗衡。無怪乎知禮於晚年對浮石崇矩寄以厚望，如《佛祖統紀》云：「法師崇矩，三衢人，來學法智，妙達教觀之道，居第一座，法智坐聽其講曰：吾道有寄矣」(大正49・215上)，另從《四明尊者教行錄》〈四明付門人矩法師〉中可得知，如第六書云：「知吾道者無幾，望汝傳化，令道光大，莫作最後斷佛種人也。」(大正46・905上)而崇矩的興趣在於淨土，接受慈雲遵式之教誨，且其對知禮〈融心解〉亦有意見(參大正46・905中及大正49・215中)。至知禮圓寂後，仁岳對知禮學說的種種論難，其弟子中亦無人能加以還擊，故有「只因難殺四明師，誰向靈芝(仁岳)敢開口」之流行語。(參大正46・916中及大正49・241中)

❺ 如《釋門正統》云：「為眾分衛，坐于舡舷，方舒足頃，豁然自得，若拓虛空，不知舟檣之折。針芥相投，筌蹄盡舉。」(卍續藏130・

觀音三昧」，於禪坐中，恍如夢覺，覺悟其以前所學皆非⓰。

　　雖親近知禮十餘年，且盡其蘊奧，然仍有感於學解不如實際之行持⓱。此或許對山家教義之反省，亦促使其後來轉向於《楞嚴經》之專研與修證⓲。至晚年時，則專修懺摩。且於持戒上極為謹嚴，如《佛祖統紀》云：

> 晚年專修淨業，然三指以供佛，持律至嚴，不以事易節。創隱淪堂休室以為燕居⓳。

又如《釋門正統》云：

> 晚景專修懺摩，遵《梵網》，然三指為供養佛事，創隱淪堂休室，究其立名，意期息機也⓴。

421左上）

⓰　如《佛祖統紀》云：「後復與十同志修請觀音三昧，因疾有間（間），宴坐靜室，恍如夢覺，自謂向之所學皆非。」（大正49・241中）

⓱　如《釋門正統》云：「凡十餘年，悉其蘊奧。乃曰：學解不如射行之著明彰信也。」（卍續藏130・421左上）

⓲　如《釋門正統》云：「觀察使劉從廣奏，命服樞密副使胡宿，請淨覺號，朝野共欽。而胡（指胡宿）最篤信，執弟子禮，撰〈楞嚴集解序〉，葢師平昔探討法藏，尤精此經，會粹諸家之說，為《集解》（指《楞嚴集解》）以通之；大張五重之旨，作《說題》以明之；欲廣演於神咒，調聲曲以諷之；期修證之必成，示禮儀以備之，世俱行焉。」（卍續藏130・421左下）由此可知，仁岳於《楞嚴經》之投入。計其有關《楞嚴》之著作，有：《會解》十卷、《熏聞記》五卷、《文句》三卷、《說題》、《楞嚴懺儀》（參大正49・241下）。

⓳　大正49・241中。

⓴　卍續藏130・421左下。

二、 背離知禮

仁岳與其師知禮的意見相左，約於知禮完成《妙宗鈔》（1021年）之後，對於生身尊特身、觀心觀佛等問題產生質疑❹，後來仁岳撰〈三身壽量解〉、〈難解〉請示於知禮，知禮以〈料簡十三科〉回之❷。因未能得到滿意的答案，仁岳終於於1026年10月離開延慶寺，寄住於慈雲遵式的道場天竺寺。於1027年3月撰〈十諫書〉給知禮，知禮撰〈解謗書〉覆之；至10月，仁岳又撰〈雪謗書〉，此時知禮已臥病在床，無暇對〈雪謗書〉作進一步評述❸。至翌年元月（永聖六年，1028年），知禮圓寂。

此後，仁岳繼而撰〈三千書〉等文章，來論述理具三千的思想，乃是依俗諦而立，並未真正掌握天台思想，換言之，理具三千不能代表天台思想核心。仁岳甚至致書給廣智尚賢，說明理具三千乃俗諦，尚賢並未接受此建議，仍以三千具空

---

❹ 如《佛祖統紀》〈知禮傳〉云：「淨覺與廣智辯觀心觀佛，求決於師（知禮）， 師示以約心觀佛之談，謂據乎心性觀彼依正，淨覺不說而去。既而盡背所宗，述〈三身壽量解〉，並別立〈難辭〉，請潛修前鈔不使外聞。師慮其為後世異說之患，乃加〈料簡十三科〉以斥之。」（大正49・193中）

❷ 參見前注。此〈料簡十三科〉乃附於《妙宗鈔》「第九佛身觀」中（參大正37・221下～226下）。由〈料簡十三科〉中，可窺知仁岳〈三身壽量解〉及〈難辭〉所提出之質疑。

❸ 後來廣智尚賢的弟子妙悟（知禮之嫡孫）作〈評謗書〉評〈雪謗書〉（參見《四明尊者教行錄》〈妙悟法師輔四明作評謗書〉，大正46・916中下）。

假中來回敬之❷。

　　仁岳何以背師離去？除了前述所提《妙宗鈔》之佛身問題為一導火線之外，在此之前，是否已潛藏了一些徵兆，或是如《佛祖統紀》所記載：因為修請觀音三昧，而覺悟以前所學之非❷。果真如此，仁岳究竟覺悟了什麼，是什麼讓他覺得以前所學為非？

　　吾人知道仁岳曾撰〈抉膜書〉輔助知禮來駁斥咸潤〈指瑕〉對《妙宗鈔》的非難，主張寂光有依正色心、色具心具、別理隨緣等❷，另亦撰有〈別理隨緣十門析難書〉以助知禮《指要鈔》「別理隨緣」之主張，而駁斥繼齊、元穎、子玄的非難❷。曾幾何時，仁岳卻對知禮《妙宗鈔》的一些主張提出批判，此不過是短短三、四年的時間（約1022～1025），卻有如此大之轉變。

　　若仔細思量，仁岳之轉變，早已有跡象，如大中祥符末年(1015)已對歷來所解釋阿彌陀佛為無量之無量產生懷疑❷，且其輔助知禮而撰的〈抉膜書〉、〈止疑書〉、〈析難書〉等中，皆強調「具」與「理」之關係，如〈抉膜書〉云：

---

❷　如《佛祖統紀》〈廣智尚賢〉云：「淨覺居靈芝，致書於師（廣智），論《指要》解三千之義，祇是心性所具俗諦之法，未是中道之本，請師同反師承。師援荊溪三千即空假中之文，謂何必專在於假，以輔四明三千俱體俱用之義，學者賴之。」（大正49・213下～214上）

❷　如《佛祖統紀》〈仁岳傳〉云：「後復與十同志修請觀音三昧，因疾有閒（間），宴坐靜室，恍如夢覺，自謂向之所學皆非。」（大正49・241中）

❷　參卍續藏95・425左上～432右下。

❷　參卍續藏95・407右下～415左下。

❷　參卍續藏95・404右上。

> 寂光是理者，非但中之理，乃具德之理也。且《疏》（指
> 《觀無量壽佛經疏》）文釋常寂光云：常即法身，寂即
> 解脫，光即般若。既對三德，顯是三諦，三諦非理耶？
> 且三諦者，不出《中論》四句也：因緣所生法，陰境也；
> 我說即是空，圓觀陰入三千俱空也；亦名為假名，圓觀
> 陰入三千即假也；亦名中道義，圓觀三千即中也❷。

此乃就「具德之理」來論寂光，非就但中之理明寂光，換言
之，寂光乃是具德之理，因為是「具」德，所以寂光是有相。
從陰入三千觀其即空即假即中，即以陰入境所具之德（三千）
作為所觀境，了解其空假中。故又云：

> 當知亡則一相不留，何但無依正之事，亦乃無空中之理；
> 存則諸法俱立，豈唯有金寶之淨相，亦復有泥沙之穢相。
> 存亡一際，事理同時，故喻三點不縱不橫，良由於此❸。

此顯示了「存亡一際，事理同時」之道理，即是伊字三點不
縱不橫之關係。

由前面的論述中，可看出是由「具」來明理，重點在於
「具」；而非由「理」來顯具。加上知禮本身過度的強調
「具」，變成以「具」為理，較少於「理」用心或由理來顯具，
此為仁岳後來批判知禮之所在，故仁岳特別強調空中之理的
把握，而「具」只是理所具之德，是所立之法而已，而不能

---

❷ 卍續藏95・426右上～下。

❸ 同上，426左上～下。

將具等同於理。

三、　批判知禮

　　從前面之論述，得知仁岳十多年來浸心於山家教觀，盡得知禮學說之蘊奧，且多次輔助知禮評破山外諸師立論，知禮諸弟子中，沒有人能出其右。然而於其後來，又不得不背離知禮，乃至對知禮的學說加以批判，此無他，為真理而不得不如此背負誹謗之罪名❸，如〈十諫書〉云：

> 閒者所陳〈三身壽量解〉，雖對論刊正，實微諫《妙宗》，
> 比（此）欲不使外聞，潛修前鈔。無何大師未察忠悃，
> 再樹義門，以安養生身，抑同弊垢娑婆劣應，混彼舍那，
> 此與一家教觀，小有所妨。故不避諱黜，頻有違忤。誠
> 以忠諫謂之誹謗；切直謂之祅言。既進而不從，亦退而
> 無怨❸。

又云：

> 近見《妙宗鈔》文寄至錢塘倩工雕板，復於下卷釋「觀
> 佛身」之處，備引仁岳前來所立，難勢廣有彈剝，披究

---

❸　如《佛祖統紀》將之視為「背宗」，如其云：「雜傳之作，將以錄諸師之未醇正者，故淨覺以背宗錄，神智以破祖錄。」（大正49・241上）

❸　卍續藏95・482右下。

之際，不覺返袂掩泣，痛師資之道違矣！然念仁岳夙奉
天幸，久受法訓，凡大師所制諸部章藻、難文異議、決
疑發悟者，恨不能廣以筆舌宣布耳目，使大師法道光光
後昆。豈圖拾其短隱其長，沽出藍之名，起逆路之見，
自墜塗炭，何其苦哉?! 特是惜《妙宗》偶失之文，為後
昆莫救之義，故盡忠赤極犯慈顏。仲尼云：父有諍子，
則身不陷於不義，故子不可以不諍於父。從父之令，又
焉得為孝乎❸？

由上述兩段較冗長的引文中，吾人可以清楚地看出仁岳為天
台教觀，不避諱黜，而多次違忤冒犯知禮，如此忠諫切直之
進言，無非為了一家教觀。在進言無效之下，不得不無怨無
悔地選擇退出，以忠於自己之看法。經由仁岳〈三身壽量解〉，
請求知禮暗中修改《妙宗鈔》❹；知禮未察仁岳此忠愫，仍
再樹義門，混淆彌陀報身和娑婆劣應身為舍那法身；仁岳不
得進而忠諫之，經由此多次諫諍，仁岳最後選擇了離開知禮。
但在知禮《妙宗鈔》後來的彫板，知禮進而於釋《觀無量壽
佛經疏》之「觀佛身」處下，備引仁岳以前所立之論，而一
一加以彈剝論破。至此，仁岳在披究知禮所釋觀佛身之際，
不覺返袂掩泣，痛師資之道違。在此情況之下，為救天台教
觀而「盡忠赤極犯慈顏（知禮）」，而作〈十諫書〉。此諫諍

❸　卍續藏99・382右下～383左上。

❹　在《佛祖統紀》對此有詳細記載，其云：「(仁岳) 述〈三身壽量解〉，
並別立〈難辭〉，請潛修前鈔 (指《妙宗鈔》)，不使外聞。師 (知
禮) 慮其為後世異說之患，乃加〈料簡十三科〉以斥之。」(大正
49・193中)

乃為了使其師知禮不陷於不義，故引孔子話「父有諍子，則身不陷於不義」，以顯示仁岳自己之諫諍，非「沽出藍之名，起逆路之見」，而是真正為師為真理而諫，若只一味的聽從父（師）之令，又焉得為孝乎為義乎？

因此，吾人可看出仁岳對知禮之諫諍之批判，絕非無的放矢，亦非空穴來風，而是言之有物，對山家知禮教觀核心之衝擊，否則仁岳不會退出四明，知禮亦不會對其立論廣加以彈剝；甚至於晚年抱病中撰《解謗書》來反擊仁岳的《十諫書》；乃至仁岳再以〈雪謗書〉覆之，此時知禮病疾中，令門人讀之，為之太息，以致歸寂❸，遂不復辨。

知禮在世期間，仁岳之對知禮所作的直接諫諍，是《妙宗鈔》「觀佛身」問題。至知禮圓寂後，仁岳則進一步就知禮理具三千來加以批判，撰〈三千書〉等，展開對知禮全面性之批判。以下分局部性之批判與全部性之批判等兩部份來加以論述。

(一)局部性之批判

引發仁岳對知禮的背判，關鍵在於知禮《妙宗鈔》對「觀佛身」的解釋。在此之前，仁岳曾撰〈抉膜書〉助知禮駁斥咸潤〈指瑕〉對《妙宗鈔》的批評。未幾，仁岳反過來批判《妙宗鈔》，撰有〈三身壽量解〉、〈難辭〉、〈十諫書〉、〈雪

---

❸　如《佛祖統紀》云：「淨覺時在天竺上〈十諫書〉，謂父有諍子，則身不陷於不義；師復作〈解謗〉，謂〈十諫〉乃成增減二謗。淨覺復述〈雪謗〉，謂錯用權實，以判勝劣。師時在疾，令門人讀之，為之太息。既遍歸寂，遂不復辨。」（大正49・193中）

諍書〉等論著,來諫諍《妙宗鈔》「觀佛身」所存在的諸問題,而知禮以〈料簡十三科〉及〈解諍書〉斥之。為助了解,先用簡表將此論爭表之於下:

此論爭主要針對佛三身問題而引發,且皆圍繞著三身來論爭。

對知禮而言,以《觀無量壽佛經》之安養生身視為《法華經》之弊垢娑婆劣應身,又等同於《華嚴經》之盧舍那尊特身。

對仁岳而言,其自大中祥符末年(1015年)以來,對阿彌陀佛之安養生身究竟是「無量之無量」或是「有量之無量」就有所存疑❸,歷經多年之博考經論,得知阿彌陀佛乃是有

---

❸ 依仁岳之看法,將安養生身之阿彌陀佛視為「無量之無量」,起自於慈恩窺基,而孤山智圓《觀無量壽佛經刊定記》等亦持此說,故導致仁岳之懷疑,如〈雪諍書〉云:「原夫山門學者,自昔已(以)來,多謂彌陀八萬相好是報身者,其有由也,以慈恩基法師作如是說故,彼云:彌陀眼如四大海,毫若五須彌,即同《法華》常在靈山及餘住處他受用身也;又謂此身是初地菩薩所見,非地前凡夫能見;又以安養淨土而為報土,於是廣說報土難往,兜率易生。此與

量之無量，故於知禮完成《妙宗鈔》後，入室諫之，以致冒
犯其師知禮，終成退席，如〈雪謗書〉云：

> 仁岳自祥符末年，覩錢塘圓（智圓）法師《刊正記》文，
> 亦指山毫海目同於地住所見之相，且與一家所說報相不
> 同，稽疑在懷，若多歧之亡羊矣。旋歷數載，博考諸文，
> 因見龍樹云：生身佛壽則有量，法身佛壽則無量。又智
> 者云：釋迦化緣短，故生身是有量；彌陀化導長，故生
> 身是無量。驗知《刊正記》誤以生身無量為法身無量也。
> 大師（知禮）既同圓師所解，故入室而諫之，以至（致）
> 犯顏，終成退席❸。

由此可知，仁岳對三身問題之關注已久，對天台自宗（包括
智圓及知禮等人）混同生身法身，責無旁貸挺而諫之，以致
冒犯其師知禮，釀成不得不離開其師之局面。仁岳對三身看
法之堅執，可由下列這段話進一步得知，〈雪謗書〉云：

> 嗟乎！諸祖之微言未絕，三身之大義何乖？雖泣血以無
> 從，亦抽毫而有在。縱大師不信，四方豈無青眼之人

天台所談身土大義相及（反）。今家舊學多雜他宗，人到於今，披
揀未精，金沙尚混」（卍續藏95・403左下～404右上）。此明天台宗
人對阿彌陀佛的看法受慈恩窺基之影響，而卻未加以反省此看法與
天台所談身土大義相反。接著仁岳又云：「仁岳自祥符末年，錢塘
圓法師《刊正記》文，亦指山毫海目同於地住所見之相，且與一家
所說報相不同，稽疑在懷，若多歧之亡羊矣」（同上，404右上）。

❸　卍續藏95・404右上。

乎❸？

又云：

> 乞伏大師！俯聽狂言，少留精思。念以仁岳志存為法，
> 行匪沽名，學不務於速成，義必求於至當。豈縱憑虛之
> 說，專行訕上之心❸？

又云：

> 若復未論尊命，恐亂大倫，則願任彼絳紗，選一魁楚，
> 暫臨浙水，廣會僧英，議三身之是非，定一場之勝負，
> 群口無黨，正理自彰。其或仁岳有墮扇之羞，伏望大師
> 貼封杖之責❹。

此在在顯示仁岳為法之認真態度，義必求於至當，而不諱忌
冒犯之罪，甚至為定奪「三身之是非」，不惜步上公堂一決勝
負。由此可見，三身問題不僅是仁岳與其師知禮之爭論，亦
關係著宋天台宗對三身的看法。

　　此論爭導源於〈三身壽量解〉，其資料已不存，而散見
於《妙宗鈔》、〈十諫書〉等諸論著引用中。為便於了解之故，
以〈十諫書〉之十條為主軸，配以《妙宗鈔》、〈料簡十三

---

❸　同上。
❸　同上，407右上。
❹　同上。

科〉、〈解謗書〉、〈雪謗書〉來論述仁岳對知禮之批判。

　　第一條：丈六身與尊特身之差別

　　以下皆是仁岳〈十諫書〉先引《妙宗鈔》之看法，然後再加以諫之，其云：

　　　　《妙宗》云：一家所判丈六尊特不定，約相多少分之，剋就真中感應而辨，如通教明合身之義，見但空者，唯觀丈六；見不空者，乃觀尊特。生身本被藏通之機，尊特身應別圓之眾❹。

此與《妙宗鈔》中的〈料簡十三科〉之第三料簡完全一樣，乃直接引用此之答文（後半部為知禮對《觀無量壽佛經》之觀佛身的解釋，在此省略之），而在答文之前有一段問話，此問應是指仁岳之〈難辭〉，為便了解，抄錄如下：

　　　　問：此經（指《觀經》）觀佛止論八萬四千相好；若《華嚴》說相好之數，有十華藏世界微塵。二經所說優降天殊，彼經正當尊特之相，此經乃是安養生身，凡夫小乘常所見相，《鈔》（《妙宗鈔》）中何故言是尊特❷？

此為仁岳對《妙宗鈔》所提出的質疑❸，質疑《妙宗鈔》將

---

❹　卍續藏95・382左上。

❷　大正37・233中。

❸　此〈料簡十三科〉乃是《妙宗鈔》再版時，知禮針對仁岳之〈難辭〉質問而附加上去的，在原來的《妙宗鈔》並無此文，故〈料簡十三科〉行文中往往提及《妙宗鈔》之文。

《觀無量壽佛經》（以下簡稱《觀經》）之「八萬四千相好」
等同於尊特身。對此，知禮於《妙宗鈔》〈料簡十三科〉中，
以「一家所判丈六尊特不定」答之。仁岳對此之回答，於〈十
諫書〉進而諫諍之，認為名實不符，如〈十諫書〉云：

> 夫欲釋義，必須正名，名若不正，義必邪倒。且言丈六
> 尊特者，丈六非小耶？尊特非大耶？若謂不然，未審尊
> 特之名為從理立？為從事立？若從理者，此與真身如何
> 簡異；若從事立，豈非尊崇特勝之相乎，以由此身不同
> 分段生死之質，全是真實理體而現，是故《大論》目為
> 法性身佛也❹。

又云：

> 若通教明合身之義者，見但空，則佛唯現小；見不但空，
> 則佛須現大，譬如臨鑑有端醜，現像亦妍蚩。不可機見
> 自尊，應相自劣。……若不現大，便為尊特，是則別圓
> 之人，見猿猴鹿馬無非他受用報，以皆是中道感應故也。
> 此說恐誤，願思之❺。

此先正名，明丈六身與尊特身彼此小大有別，而尊特身是由
全真實理體而現，是從事立名，與法身有別。同樣地，若從
通教人所見空不空而論，亦有小大之分，「不可機見自尊，

---

❹　卍續藏95・382左上～下。
❺　同上，382左下。

應相自劣」，亦即是現大才是尊特。在知禮的〈解謗書〉對此提出反駁，認為仁岳犯了減增二謗，「減」是謗《觀經》八萬相好（亦包括《法華》三十二相）為生身；「增」是謗《華嚴》藏塵相好為尊特。知禮主要就法界身（法身）來明《觀經》八萬相好為尊特，甚至以「中道感應」來說明尊特非於丈六身外，亦以圓實之教以正尊特之名，明三十二相丈六身皆是尊特⓮。仁岳對知禮之〈解謗書〉，進而以〈雪謗書〉來釐清權實體用之差別，而不能混同丈六身為尊特，如其云：

> 夫以三身明權實開顯者，須辨權實之法，方了開顯之相。且尊特之與劣應，乃一家所立，十權實中，體用之權也。體，謂實相，理體無有分別；用，謂諸法，事用差降不同。今法身並自受用報，即體也；尊特及生身，即用也。然此權用，不越十界十如之法，若《華嚴》瓔珞，即佛界之報也；若《法華》弊衣，即人界之報也⓯。

此先分體用、實權、十法界之不同，如下表：

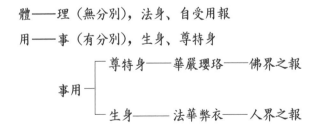

體——理（無分別），法身、自受用報
用——事（有分別），生身、尊特身

事用┬尊特身——華嚴瓔珞——佛界之報
　　└生身———法華弊衣——人界之報

⓮　參見卍續藏95・387左上～389右上。
⓯　卍續藏95・401左上。

接著又云：

> 《法華》已前，藏通三乘皆謂弊衣之身，由見思惑業所
> 生，若破見思，終歸灰滅，此即施於化他權也；來至《法
> 華》，三乘之人皆知此身從法身理體起，生身事用雖有
> 唱滅，而化化無窮，此即開化他之權即為自行權也。若
> 就開權顯實為論者，權即實故，生即法報，相相泯亡；
> 實即權故，法報即生，弊服宛爾。非謂開化他權為自行
> 權後，即劣為勝；亦非開權顯實之後，即劣為勝。良以
> 權用是差別之事，而勝而劣；實體是無差之理，非勝非
> 劣。故〈十諫書〉云：生身即法，不即尊特，其有旨
> 哉❹。

又云：

> 然則三千妙假如天珠網互相映入，亦是相即之義，但以
> 參而不雜，終自炳然，不可謂諸法互具，便乃呼東為西，
> 召南為北❹。

此釐清《法華》開權顯實之義，開化他之權即自行權，弊衣
之身即法身，而非謂開權顯實之後，劣應身即是尊特身，因
為劣應身、尊特身皆屬權用差別之事；就體而言，則是非勝
非劣之法身。在此明顯地說明知禮濫用權實法混同了生身與

❹　同上。
❹　同上，401左上～下。

尊特身之差別。

第二條：《華嚴》尊特與《法華》三十二相之差別

有關《華嚴》尊特身與《法華》三十二相之爭論，在前述探討《華嚴》與《觀經》之佛身時，已引用〈雪謗書〉略加明之。今依〈十諫書〉詳明之，其云：

> 《妙宗》問云：以坐華王具藏塵相而為尊特；三十二相老比丘形而為生身，其文炳著，那云不以相好分耶？
> 答：約相解釋，四教佛身此乃從增勝而說，未是的分相起之本，其本乃是權實二理，空中二觀，事業二識。就此分之，則生身尊特，如指諸掌⑤。

在此先引《妙宗鈔》〈料簡十三科〉之第四料簡《華嚴》與《法華》有關佛身問題，代表著仁岳與知禮對此問題第一回合的論爭；〈十諫書〉及〈解謗書〉則是第二回合。在第一回合中，可以看到仁岳對《華嚴》尊特與《法華》三十二相生身之區分；而知禮對此之區分，試圖從本、理等來將之混同。故仁岳於〈十諫書〉加以諫之，其云：

> 相起之本，理實如然；本起之相，安得混濫。今論佛身，正據應相，何得背相，自談其理？今謂若論佛本，則相理親也；若論佛應，則理疏相親也。大師所立，乃相返原乎。法身無相，相必屬應，應有權實，相有優降，應

⑤ 卍續藏95．382左下。
　　另參見《妙宗鈔》（大正37．223下）。

> 染淨同居，正用生身；應方便、實報，正用尊特。圓人
> 了知，祇一法體起二應用，用即體故，一相叵得；體即
> 用故，諸相宛然。大師（知禮）尚說蛣蜣名相至于究竟，
> 何緣定改生身名相須是尊特名相耶[51]？

若就「相起之本」而言，理實無分別；若就「本起之相」而
論，則不能將諸相混濫。此乃仁岳對知禮以理混淆生身尊特
身之批判。知禮於〈解謗書〉仍就圓教理來解之，如其云：

> 此蓋不依本宗談理，致令佛相與理天殊。何者？今明圓
> 理合具三千，若理若果若體若用未始暫虧三千之法。若
> 為凡夫及藏通機示現佛相，從外而來，定有分齊，故說
> 為應；若為別機示現佛相，雖從心現，依真而起，須假
> 緣修，未全稱性，但得名報；唯圓頓教，示現佛身，相
> 相即性，諸法實相，佛既究盡，全體起用，彼彼互融。
> ……故別圓二佛雖俱尊特，別須緣修，故名為報；圓即
> 性故，從法立稱，故一身一切身，一土一切土，理具此
> 相，想成相起[52]。

知禮在此所處理的，是就別圓二教來分判尊特，認為別教尊
特是屬緣修不即性，所以是報身；而圓教尊特是即性非緣修，
所以是從法身立名，全體起用，彼彼互融，一身一切身，一
土一切土，理具如此。仁岳於〈雪謗書〉中，仍然強調「生

---

[51] 卍續藏95・382左下～383右上。

[52] 同上，389右下～389左上。

身即法，不即尊特」，以說明生身與尊特之間的差別，不能將之混濫❸，尤其不能將《法華》的開權顯實混濫了權用之差別。仍然強調法身無相，相必屬應身，至於以何身而應，完全決定於權實，應染淨同居土則用生身；應方便實報土則用尊特身，而圓教人了知此生身尊特身乃一體所起二應之用，用即體故，一相叵得，體即用故，諸相宛然。換言之，法身與生身尊特身之關係，乃是體用之關係。

　　另在〈十諫書〉第二條中，涉及了業識見佛問題，如其云：

　　　　所引《起信》事業二識，的分生身尊特者，意云：佛之身相不拘大小，但從業識所現，全真起用，彼彼無非尊特身也。今恐此義傷於逕庭，《論》云：依凡夫二乘所見者，名為應身；依於業識，謂諸菩薩從初發意乃至菩薩究竟地，心所見者，名為報身❺。

此仍然強調應身與報身之不同，以反駁知禮之業識所現身相不拘的說法，同樣地，知禮於〈解謗書〉以理具明生身尊特身之不二回敬之❺，而仁岳於〈雪謗書〉加以駁之❺。

　　第三條：諫尊特身不定

　　就《妙宗鈔》引用《金光明經》三十二相為尊特而明生

❸　有關此之詳細論述參見〈雪謗書〉第一條（卍續藏95・401左上～402左上）或本文第一條中所作的論述。

❺　卍續藏95・383右上。

❺　卍續藏95・389左上～390右上。

❺　參卍續藏95・404右下～左下。

身尊特身不定,而提出料簡,〈十諫書〉針對此料簡加以諫諍,
如其云:

> 《妙宗》云:《金光明》龍尊歎佛經文,但列三十二相
> 圓光一尋,《疏》(《觀經疏》)乃判云:正歎尊特,故知
> 不定。以相數多方為尊特,祇就不空妙觀見耳。
>
> 問:行人觀於劣應,談圓佛相,祇可即是法身及自受用,
> 　　不即尊特,以尊特身,現起方有,不現則無,豈見
> 　　不空,不待佛現,便自能見尊特相耶?
>
> 答:既以尊特對於生身,分身非身、常無常等。今云劣
> 　　應但即法身及自受用不即尊特,則成壽量屬於尊
> 　　特,身相自屬生身,如此分張,進退皆失❺❼。

以上為《妙宗鈔》及〈料簡十三科〉之文,〈十諫書〉對此
諫之如下,其云:

> 龍尊所歎非局小身,那云但列三十二相?況經(《金光
> 明經》)無定數,高大之相煥然。豈見名目有同三十二
> 相中者,便言唯歎丈六身耶?又焉知藏塵無此等相耶?
> 況疏文顯示三十二相是生身佛;大相小相巍巍堂堂,不
> 同常身常光常相,即尊特佛;無身之身,無相之相,即
> 法性佛。然後判云:今經正歎尊特身相,上兼法性,下
> 攝生身。如何偏據正讚之言,而棄兼攝之說。智者明判

---

❺❼　卍續藏95・383右下～383左上。
　　另參大正37・224上。

三十二相為生身，大師堅立為尊特，對文違戾，其可信
乎❺？

此評知禮以生身濫於尊特，混沌生身、尊特、法身，而強調
智者於《金光明經》注疏中對三身有明確之區分，如其云：

> 又疏辨三身相業非不分明，百福所嚴，生身業也；空慧
> 所導，尊特業也；實業所成，法性業也。若但由行人觀
> 智所見，不拘佛身大小而現者，三種相業便成無用也❺。

又引《金光明經》加以說明，其云：

> 況復經云：圓光一尋能照無量，猶如聚集百千日月；又
> 云：身放大光，普照十方無量國土；又云：佛光巍巍，
> 明燄熾盛，悉能隱蔽無量日月。安得專以一尋之文而害
> 無量之義？今詳正讚尊特兼生法身，巍巍即尊特也；一
> 尋即生身也；諸佛清淨微妙寂滅，即法性也。三身一體，
> 而不相濫，豈可一體混沌不分耶❻？

此明《金光明經》是三身一體而不相濫，佛光巍巍是尊特身；
佛光一尋是生身；諸佛清淨微妙寂滅是法身。而佛此等光明，
乃是三身業相所嚴，如百福所嚴，生身業也；空慧所導，尊

---

❺　同上，383左上。

❺　同上。

❻　同上，383左上～下。

特業也；實業所成，法性業也。非純然建立在行者所見上，若純然由行人觀智所見，那麼佛三種相業便成無用。

另外，仁岳亦反駁知禮斥其生身即法身不即尊特問題，而依知禮的看法生身既即法身，那麼生身即尊特，所以斥仁岳為「分張之失」，對此，仁岳加以駁斥，其云：

> 所議生身，即法不即尊特者，其有旨哉。夫理無所存，徧在於事，事必即理，生豈非法？但理體無相，事用有相，相不可混，安以生身濫為尊特？且如權即實故，三千空中，差而無差也；實即權故，三千宛爾，無差而差也，是則權用之相，毫釐不謬❻。

依仁岳的看法，生身之所以即法身不即尊特，乃是就理而論，則生身即法身，然而就事相而言，生身非尊特，不可將生身混濫為尊特。知禮於〈解謗書〉以「若依本宗，祇就一身說三身相，不合不散」駁之❻。

---

❻ 同上，383左下。

❻ 同上，391右下。
另外，知禮亦就圓教三身，舉一即三，且全法界作三十二相，一一相無不稱法界海來駁辯之，如〈解謗書〉云：「今更略言之，夫圓教三身，體是祕藏，三不離一，舉一即三。龍尊讚詞，能巧示此，乃於別讚相好之前，總事總理，總讚三身及一切三法等，已彰一佛即一切佛，多之與一不可思議，良由諸佛未始暫離祕密之藏，一佛祕藏不少，諸佛祕藏不多，一相多相亦復如是。祕密藏者，是法界法，攝無不徧，彼彼互融。既全法界作三十二，故一一相，無不稱法」（卍續藏95・391右下～392右上），又云：「若丈六外，有法不攝，何能受於相海之名。」（同前，392右上）

第四條：諫八萬四千相好為尊特

乃是順《金光明經》三十二相劣身來明《觀經》八萬相尊特，仁岳對《妙宗鈔》此看法加以諫之，如云：

> 《妙宗》云：今（《觀經》）之妙觀，觀佛法身，見八萬相，不同《金光》但於劣身見無分齊。今是彼佛全法界身應圓似觀現奇特身，非是彼土常身常相。若彼常身，即《般舟》中三十二相也；今乃特現八萬四千相好光明。……此等經論所明尊特，與今所現，無少差殊❸。

此乃知禮將《觀經》八萬四千相好等同於尊特，不同於《金光明經》劣身及《般舟三昧經》三十二相。〈十諫書〉對此評之：

> 大師以三十二相為尊特；又以八萬四千相為尊特；又以藏塵相為尊特；又云：隨現大小，彼彼無非尊特。是則他受用報，有若干差別之相也，山家執卷者皆疑之❹。

知禮依法界身，將三十二相、八萬四千、藏塵相等皆視為尊特，顯示尊特有多種，此造成山家之疑惑，而仁岳進而以四土三身諫之，明同居、方便、實報土之三身彼此之不同，不可混同之❺，強調《觀經》乃安養淨土勝應生身，不通餘土。

---

❸　卍續藏95・383左下～384右上。

❹　同上，384右上。

❺　同上，384右上～下。

知禮以其所解非圓評之❻。

第五條：諫補處位無量之無量

就《觀經》第十觀觀世音是補處，而明《觀經》第九觀之佛身是有量之無量，如其云：

> 《妙宗》問云：《請觀音疏》云無量有二義，若生身無
> 量，是有量之無量；法身無量，是無量之無量。《大論》
> 云：法性身佛色像無邊，尊特之身，猶如虛空。既云法
> 性身，此乃不滅，方名尊特。今第九觀觀於佛身、第十
> 即觀觀世音身，觀音既是補處菩薩，驗佛有滅，豈非生
> 身有量之無量？
>
> 答：藏通補處，彰佛有量；別圓補處，顯佛無量。且華
> 嚴佛身，委明八相，既是尊特，此論補處與彼何異❼？

此為仁岳與知禮有關「補佛處」為有量之無量或無量之無量第一回合接觸，知禮就別圓補處，來明《觀經》佛是無量之無量❽，仁岳於〈十諫書〉對知禮的補處說加以諫之，其云：

> 所言補處者，須約諸佛應為分段身，前佛入滅，次佛嗣

---

❻ 同上，392右下～392左下。

❼ 同上，384右下～384左上。
另參大正37・225上。

❽ 此在《妙宗鈔》有較詳細之說明，引之如下：「以十方三世一切如來更無彼此迭相見故，同一法身同一智慧故，菩薩機忘，如來應息，名補佛處，實異藏通前佛定滅後佛定生為補處也。」（大正37・225上）

興，方有補處，安以法性身佛機息應轉而論補處哉？機
若未息，應豈云亡？機若息已，更補何處？華嚴八相，
一一相中皆具八相，無補處之義❽。

又云：

> 嘗試論之，凡云：諸佛名號不同，相好優劣，壽命長短，
> 皆是垂世應身；從說法性身時有劫數者，蓋教導耳。若
> 諸佛舍那之身，同一身智，猶如虛空，必無名號相好壽
> 命之異也。此義稍細，請大師鑑之。若無量壽佛滅度之
> 後，觀音作佛，號普光功德，皆是淨土勝應生身耳❿。

首先，仁岳說明補處乃是生滅之遞換，故《觀經》之佛身為
應身；而華嚴八相，相相皆具八相，故無補處之義。再者，
就諸佛名號不同相好壽命長短之異，明此為應身。知禮對此，
於〈解謗書〉中加以痛擊，認為仁岳此說，是「抑圓為偏」
及「斷行人妙觀之命」⓫。仁岳亦不甘示弱，於〈雪謗書〉
以十義來申淨土生身，以免對淨土生身之誤解⓬，其中對知
禮將其《觀經》之看法誤為通教加以澄清，其云：

> 十者約《輔行》伸之，彼云：《觀經》亦通佛身，蓋以

---

❽　卍續藏95・384左上。
❿　同上。
⓫　詳參見卍續藏95・393左上～394右上。
⓬　詳參見卍續藏95・403右上～404右上。

此通教佛身有時亦現高大之相。故《大論》引《密跡經》云：一切人天見佛色量或十里乃至百億里。《輔行》定為通佛身也。所以然者，由別圓佛身現無分齊，不可以里數量之，以得法性明鏡身故，性無邊故，身亦無邊。若通教佛身但是作意，神通化用，雖現高大，終有分齊；彌陀色身既有那由他數，故《輔行》云：《觀經》亦通佛收。斯乃用此土通佛格彼土生身，非謂《觀經》屬于通教。但此土既穢，乘機則現；彼土既淨，常身乃爾❼❸。

此明以通教佛身格《觀經》安養生身，並不等於判《觀經》為通教。而且《觀經》之土為淨，其身亦常，不同此土為穢及其身乃乘機而現。

第六條：《法華》妙音菩薩身為生身非尊特

在《妙宗鈔》的〈料簡十三科〉中，仁岳提出《觀經》佛身雖有六十萬億那由他之高大，也只是淨土所常見的佛身，如《法華》妙音菩薩，故不能將此生身視為尊特❼❹。知禮對此說法加以簡別，認為《法華》以妙音來顯娑婆是「即劣之勝」「祕妙之權」，亦即是「開權之妙」，令起尊特之心❼❺。對此，仁岳〈十諫書〉加以諫之，認為知禮所立義自相矛盾，局限於大不說小、小非大❼❻，知禮於〈解謗書〉以圓教加以反之❼❼。

❼❸ 同上，403左下。
❼❹ 參見大正37·225上中。
❼❺ 參《妙宗鈔》（大正37·225中）。
❼❻ 參卍續藏95·384左下～385右上。
❼❼ 參卍續藏95·394左上～395右上。

第七條：諫彌陀生身為常身

〈十諫書〉先引《妙宗鈔》之看法，然後加以諫之，其云：

> 《妙宗》云：眾經多說彌陀生身常相，今當略出，《小彌陀經》云：彼土蓮華大如車輪；《大彌陀經》說：彌陀浴池廣四萬八千里。以依驗正，身未極大。《觀經》有丈六尺之身，此等豈非常身常相耶❼❽？

知禮於此明《觀經》丈六尺之身乃是常身。仁岳評之，其云：

> 夫窮眾經，要存達觀，不可以小道而妨於大途。祇如淨華宿王智佛身長六百八十萬由旬，妙音止長四萬二千由旬，若將人情往推，何優降之若是乎？又如《觀經》說彼佛華座，座上寶幢一一如百千萬億須彌山，如此華座與彼浴池何復異哉！若云觀中所見非是實事，何故經云：如此妙華是本法藏比丘願力所成，莫不亦是尊特華座，非生身座耶？故眾經所說依正大小，聖意難測。……丈六八尺豈是彼常身耶❼❾？

此明不能以小大作為生身常身之判準。知禮亦以圓教辯之❽⓿。

---

❼❽　卍續藏95．385右上。

❼❾　同上，385右上～下。

❽⓿　同上，395右下～395左下。

第八條：諫相似位見尊特

知禮於《妙宗鈔》中，認為八萬相好乃屬別圓教真似位所見之相❸，故判為是尊特，仁岳於〈十諫書〉評之，其云：

> 所示八萬相好別圓真似方得見者，似位可爾，真位不然，以其分證合見華藏微塵相矣！又云：三賢依業識見佛者，此非《起信》之意，已如前諫。今十信已下，非全不見八萬相好，復恐昧於習種性耳。何以知然？如中品中生之人，彼七日蓮花數已，開目合掌讚歎世尊，若今時悠悠凡夫生彼經劫，方得見之；如下品下生之人，於蓮華中滿十二大劫，蓮華方開；乃至下品上生，七七日蓮華乃數，又祇見觀世音住其人前為說深法，故知彼佛勝相誠難利見，以驗彼國人天等見者，非聊爾之曹也。當知九品所論生彼國者，見佛菩薩且就生身而說，何得直見尊特身乎？若相似位便見尊特相了了具足者，分真之位乃成徒施也。況娑婆穢土即見尊特微塵相好，豈極樂淨土止見尊特八萬相耶❷？

此明八萬相好為相似位所見，分真位見尊特微塵相好，故《觀經》為生身非尊特。知禮以相似位見尊特反擊之❸。

第九條：圓觀生身

知禮於《妙宗鈔》明八萬四千相好為圓教七信位所觀境，

---

❸　同上，385右下～385左上。

❷　同上，385左上。

❸　同上，395左下。

認為是尊特而非生身❹。仁岳則舉《觀經疏》有量之無量來評之，如其云：

> 《疏》釋無量壽題，顯譚有量之無量；又特示云：阿彌陀佛是有量之無量。若今經（《觀經》）不觀此身，智者所示何惑眾乎❺？

又云：

> 若如大師（知禮）所解，直觀無量之無量；又謂圓人皆依業識所見。是則今經唯觀實報依正，全無同居依正，不成託彼依正修觀之義也❻。

此明知禮不合智者《觀經疏》之以同居依正為所觀境之義。另亦就《法華》長者垢衣內身實瓔珞身，顯《華嚴》、《法華》所說之身，不外乎釋迦佛一身而已，雖如此，然垢衣身不等於瓔珞身❼。知禮則以智者《觀經疏》圓妙三身來反之❽。

　　第十條：生身尊特身

　　此仍然處理《觀無量壽佛經》生身尊特身之問題，如〈十諫書〉云：

---

❹　同上，385左上～下。

❺　同上，385左下。

❻　同上。

❼　同上，386右上。

❽　同上，396左上～397右上。

> 諸經凡曰彌陀者，皆目生身耳，況大小二本（指小《彌
> 陀經》與大《彌陀經》）並無三十二相之文，何忽見指
> 借使二本不專被頓。今觀既專被頓，何故疏內劫指生身，
> 不可將二本之義釋今經之名。……蓋謂彌陀勝身須是
> 三昧成者，方可觀之，例如釋迦奇特身相亦是三昧成者，
> 以此為觀，應如《大論》云：為增長諸菩薩念佛三昧者，
> 多是別圓地住菩薩。以論中明尊特身佛，為界外法身菩
> 薩說法。若《觀經疏》云：若得三昧，觀心成就者，但
> 是圓教觀行位人，以疏中明觀行位初觀佛相如鑄金像，
> 乃至觀成見佛大相小相浩浩瀁瀁如大劫水，是知兩處三
> 昧深淺不同，所觀佛身，生報有異，須將義定，無以文
> 拘❽。

在此仁岳駁斥知禮生身為尊特身之說法，強調生身和報身（尊特身）是有差別的，須由義來判定，不可拘泥於文字上。知禮同樣於〈解謗書〉來加以反駁，仁岳於〈雪謗書〉作綜合性之駁斥。

從上述之探討，可知仁岳對知禮的諫諍，主要在於生身與尊特身上。依知禮的看法，基於法身而視生身為尊特，混同了生身與尊特之差別；仁岳對此則展開批判，著重於生身與尊特之差異。

---

❽ 卍續藏95・386右上～左上。
另有關《妙宗鈔》的論點，則強調小大《彌陀經》不專以尊特被於頓機，而《觀無量壽佛經》乃純被圓人，其佛身是全法界所起，所以生身即是法身亦即是尊特身（參大正37・266中）。

經由仁岳的〈三身壽量解〉、知禮的〈料簡十三科〉；仁岳的〈十諫書〉、知禮的〈解謗書〉等所爭論的內容來看，所涉及範圍亦相當廣泛，依〈雪謗書〉將之歸納為五大點❾：

㈠法華開權顯實，即劣應為尊特。

㈡彌陀八萬相好，是他受用報身。

㈢圓教外凡位依業識見佛。

㈣安養生身是丈六像。

㈤法身有相。

對此五點，仁岳於〈雪謗書〉中一一加以批判之❾。就第一點而言，知禮濫用了權實，將劣應、尊特即為法身，推論成劣應是尊特，混濫了劣應與尊特之差別，也喪失了劣應、尊特之權用，更失去了《法華》「世間相常住」之意義。就第二點而言，知禮極力透過中道感應、圓教教理等，將彌陀八萬相好之生身提昇至尊特，如此一來，反而喪失了以生身說勝法、立生身為所觀境等之內容；且生身非定小（將生身屈局於丈六尺），亦非局限在藏通二教，而是四教皆有之，應者感者亦皆有生身。對此道理，知禮是有所誤解的，講到生身以為是貶斥或減謗，而一意想將生身視為尊特，卻忽略了生身與尊特權用之別，如此一來恐將諸經佛身之特色混同。就第三點而言，知禮視圓教外凡依業識見尊特，然尊特乃是實報他受用身，須斷破無明才見得，即至圓教初住位見得尊特，此不顧生身尊特之別，而濫用理具混淆圓教之修行位。就第

---

❾　在〈雪謗書〉中，仁岳將知禮〈解謗書〉所論述的二十二點總歸納為五義，然後一一加以雪謗之（卍續藏95・401右下）。

❾　參卍續藏95・401右下～407右上。

四點而言，知禮認為《觀經》安養生身丈六之像，觀此生身顯藏塵相好，而視華嚴藏塵為分段生滅之生身，仁岳對此加以批判，認為華嚴別圓二教所見之尊特並無別，所別者，只是修成與性具之不同，而非尊特有別。就第五點而言，仁岳提出《觀經》圓觀雖純，但不能混同生身與尊特之別，法身（體）與生身尊特（用），是有其體用之分，其彼此之關係，是「三而一，一不為合；一而三，三不為散」，進而批判知禮「法身有相」之看法。

知禮何以視生身為尊特，基本上可說混濫了生身、尊特、法身雖不異而不一的關係，而之所以如此，此根源於其圓教理具思想而來。仁岳對知禮生身尊特之批判，雖未直接就理具來批判，但卻批判知禮依理具三千無差別混淆權用之事差別，也因此使仁岳後來全面性對知禮理具思想之反省。

㈡全面性之批判

前所明乃是就局部性來批判知禮，此是在知禮生前，仁岳與知禮直接的交涉。至知禮圓寂後，仁岳對知禮的批評，則是從根本性、全面性來批判，即對知禮的核心思想——理具三千作徹底之反省。

然有關此方面的資料，大多已散失，只零星地保存在可觀的《山家義苑》〈辨岳師三千書〉及宗印的《北峰教義》〈三千章〉中❾❷。由這些資料，吾人得知仁岳撰有〈三千書〉，以及對知禮的破斥之文章收集於《雜編》中❾❸。在知禮圓寂未

---

❾❷　參卍續藏101・138右上～184左上及229右上～236左下。

❾❸　如宗印《北峰教義》都引自於仁岳《雜編》。

久，約於1032～1033年間，仁岳曾致書給繼承知禮主掌延慶寺的廣智尚賢，提出知禮《指要鈔》所解的三千之義，「祇是心性所具俗諦之法，未是中道之本」❹，請廣智一起反駁知禮此學說❺，此資料亦未留傳下來。

仁岳有諸多論著❻，大多已佚傳，除了上述所提的資料外，被留傳下來且較完整保存仁岳思想的，有《楞嚴經集解熏聞記》及《十不二門文心解》（以下簡稱《文心解》），其中又以《文心解》對知禮理具思想作極徹底地批判，此書講於1028年，於1052年再治定出版❼。

仁岳對知禮所作的全面性批判，此從宗印《北峰教義》

另在《佛祖統紀》〈仁岳傳〉中亦提及仁岳撰有《義學雜編》六卷（大正49·341下）。

❹ 大正49·213下～214上。

❺ 參見《佛祖統紀》〈廣智尚賢傳〉（大正49·213下～214上）。

❻ 在《佛祖統紀》中，對於仁岳的論著有詳細地記載，如其云：「師（仁岳）於《楞嚴》用意尤至，會諸說為《會解》一卷、《熏聞記》五卷、《楞嚴文句》三卷，張五重玄義則有《楞嚴說題》，明修證深旨則有《楞嚴懺儀》，復於呪章調節聲曲以為諷誦之法。所著《金剛般若疏》二卷、《發軫鈔》五卷、《彌陀經疏》二卷、《指歸記》二卷、《文心解》二卷、《雜錄名義》十二卷、《義學雜篇》六卷、〈如意輪課法〉、〈涅槃禮讚文〉、〈羅漢七賢七聖圖〉、〈起信黎耶生法圖〉各一卷。《禪門樞要》、《淨名精英》、《大論樞節》、《大論文》、《苕溪講外集》、《窗案記》、《諸子雜言史髓》。」（大正49·241下）由此可知，仁岳著作非常多，尤其在《楞嚴經》方面的著作，達六種之多。

❼ 此可由《十不二門文心解》後記中得知，如其云：「自天聖六年(1028)冬十月，寓錢塘石室蘭若隨講私解，至皇祐四年秋八月，於吳興西溪草堂因門人請勤版，次方再治定，見此注者，可別新故。」（卍續藏100·101左上）

〈三千章〉所列十科可得知，此十科如下❾：

 ㈠出本文

 ㈡辨三諦

 ㈢明事理

 ㈣簡權實

 ㈤顯體用

 ㈥述互具

 ㈦譬喻

 ㈧示別圓

 ㈨對四土

 ㈩判六即

從此十科中，可得知仁岳〈三千章〉對知禮的批判，除了第一條明三千之出處外，涉及了三諦、事理、權實、體用、互具、譬喻等問題，而此等問題，皆已就三千空假中來批判。換言之，仁岳對知禮的主要批判，在於理具三千，至於別圓具不具三千、四土、六即等問題，亦皆沿自於理具三千而來。

  依仁岳的看法，理具三千、心具三千，乃至色具三千，此三千世間，是所造之法，約俗諦所立之法，而非實相須存三千，如〈三千書〉云：

   以見《輔行》云：《止觀》正明觀法，並以三千而為指

---

❾ 卍續藏101・229右上。
 此十科乃宗印依仁岳〈三千章〉而立的，如《北峰教義》〈三千章〉云：「淨覺法師異論起於今，對彼十科，略亦大義十。」（同前）

南，便認實相須存三千，而不知是心性所具俗諦之法❾ 。

又云：

> 殊不了三千是所立之法，將所立之法作無住之本❿。

又云：

> 妙樂云：鏡明性十界，像生修十界。應知此有兩重無住
> 本立法之義：一則約性自辨，鏡喻實相，即無住本也，
> 明喻十界，即所立法也。一則修性對辨，鏡明合為無住
> 本；像生十界，即所立之法也。故十界之法在修在性，
> 皆是末事❿。

以此破知禮視實相須存三千，評其不知三千乃是心性所具俗
諦之法，而非以三千作為心性、作為無住之本。因此，仁岳
進而就性修來說明，十界之法無論在性在修皆屬末事，而非
是本，皆是所立之法而已。重要的，應由空、中來把握實相，
如〈三千書〉云：

> 須解自行唯在空中；化他三千赴物。智者云：第一義中，
> 一法不可得，況三千法？世諦中，一心尚具無量，況三

❾　卍續藏101・183左上。
❿　同上，183左下。
❿　同上，184右上。

> 千耶？荊谿（溪）云：三千世間皆名共道，不離空中，
> 方名佛道。如是明文，甚好研詳⓫。

此引智者《摩訶止觀》及荊溪之話作為佐證，以說明三千世
間乃是所立之法，非以具三千為實相，亦非以三千是諸法之
體。

　　由上論述，可知仁岳與知禮對「理具三千」所見之不同，
仁岳強調三千乃是所立之法，重要的在於理而非在於三千；
知禮所著重的在於三千，故仁岳針對此而加以破之，認為只
有「具」，而無「即」義。

　　在《文心解》中，仁岳認為若只一味強調具，而忽略對
空、中的把握，反而落入於外道中，如其云：

> 請以上文非權非實之理，解此心地三千，則依稀識具
> 矣。《觀心論疏》云：若定謂一念之心具含萬法是如來
> 藏者，即同迦毗羅外道因中先有果計；若定謂心無萬法
> 修之方有者，即同漚樓僧伽外道因中無果之計；乃至云：
> 聞心具萬法是如來藏即謂如囊沙；聞心無萬法即謂如兔
> 角。斯並永執邪見之人，何可論道⓬。

可知理具三千是基於非權非實而來，是隨緣所立之法，若無
法於此作確切了解，則易流於外道，非但《觀心論疏》對定
執一念具萬法之批評，在天台的《摩訶止觀》和《法華玄義》

⓫　同上，184右下。

⓬　卍續藏100・100左下。

等論著中，亦對地論師定執心具三千展開批評❿。

順著對理具的批判，又涉及了三諦、事理、權實、體用等諸問題。就三諦而言，三千屬俗諦。就事理而言，俗假為事，空中為理。就權實而言，可約三千俗諦和三千三諦來論，若約三千俗諦分權實，則九界十如屬權，佛界十如屬實；若約三千三諦分權實，三千空假為權，三千中道為實。就體用而言，以空中為體，俗諦為用❿。

從仁岳對「具」的批判中，將之視為所立之法和俗諦，以及仁岳對空、中的重視，吾人不難發現此反映了知禮過度強調「具」所造成的偏失，使得空、中之理隱而不見，喪失對空、中之把握，甚至因此，也使得「具」造成偏差，若無空、中，則「具」易流於外道。知禮甚至以「具」來區分別圓教（作為別圓教之判準），亦因「具」而將他宗（如華嚴宗）貶為別教。諸如此類，仁岳皆一一加以批判之。

由對三千的批判中，仁岳進一步反省到知禮所理解下的別圓問題，乃至批判知禮將《起信論》、《華嚴》等貶為別教。

依知禮的看法，認為只有圓教談具，而別教不談具，如《指要鈔》云：

---

❿　如《法華玄義》云：「諸論明心出一切法不同，或言阿黎耶是真識出一切法；或言阿黎耶是無沒識無記無明出一切法。若定執性實，墮冥初生覺，從覺生我心過。」（大正33・699下）此顯示若定執真識心或無明心為實出生一切法，則墮於外道中。另在《摩訶止觀》中針對地論師之心具一切法（三千法）和攝論師緣具一切法提出批判，認為心具或緣具只是隨緣立說而已，不可將之定執為實（參大正46・54上～55上）。

❿　參見《北峰教義》〈三千章〉（卍續藏101・230左上～232左上）。

他宗明一理隨緣作差別法，差別是無明之相，淳一是真
如之相，隨緣時則有差別，不隨緣時則無差別，故知一
性與無明合，方有差別，正是合義，非體不二，以除無
明無差別故。今家明三千之體隨緣起三千之用，不隨緣
時三千宛爾，故差別法與體不二，以除無明有差別故。
驗他宗明即，即義不成，以彼佛果唯一真如，須破九界
差別歸佛界一性故❿。

又云：

故知他宗極圓祇云性起，不云性具。……故知若不談體
具者，隨緣與不隨緣皆屬別教❿。

由此可知，在知禮的分判下，認為他宗不談性具體具，所以
不論真如隨緣或不隨緣，皆屬別教。

然而，仁岳認為不僅圓教談具，別教亦談具，如〈三千
章〉云：

三千之說，四教之中，唯別圓所詮，既詮十界百如，必
有百界千如，約三世間，三千備矣❿。

又云：

---

❿ 大正46・715中。
❿ 大正46・715下。
❿ 卍續藏101・234左下。

三、破他，不知具有二義，別教有思議具❿。

在此仁岳提出了「具」乃別圓所詮，且分別了別教之具乃「思議具」，而圓教之具為「不思議具」。

另於《十不二門文心解》中論及《華嚴》、《起信》之法性圓融具德，如其云：

> 《起信》談依如來藏故有生滅心，豈與《攝論》等同耶？而誤哉。然復須知諸論所說，或云真如生法；或云梨耶生法，皆是隨順悉檀赴物之意。儻專四性，安論二空？故《止觀》云：天親、龍樹內鑒冷然，外適時宜，各權所據。今有傳山門教者，確執具義，彈射華嚴、起信宗師，謂無圓滿之解者，一何傷乎？況彼宗法性圓融具德，真如隨緣即義溔然，但未如天台委示理具善惡之性，抑同別教，殊昧通方。如《止觀》明地論師以法性持真妄、真妄依法性，即心具一切法也。賢首、清涼等所說不亦如是耶？荊谿（溪）云：弘法利他之功，不補非法毀人之失。後昆慎之❿。

此中首先明諸論所說的「真如生法」或「梨耶生法」，皆是隨順四悉檀因緣而立的，不可偏執，所以引《摩訶止觀》說明此意。接著，批判山家學者確執「具」義，彈射華嚴宗師無圓教解，而將之貶抑為別教。仁岳認為山家此看法是誤解華

---

❿　同上，235右下。

❿　卍續藏95・100右下～左上。

嚴宗之教義，雖然華嚴宗並未如天台委示理具善惡之性，然此宗法性圓融具德及其真如隨緣之即義了然，不應將之貶為別教，況地論師所言的「法性持真妄、真妄依法性」，此已明心具一切法，實不應將之抑為別教。最後，引荊溪之話，以作為警戒，「弘法利他之功，不補非法毀人之失」，此說明了山家學者是以「非法毀人」。

對仁岳而言，「具」並非天台宗所獨有，華嚴宗本身亦圓備此義，甚至連別教亦有之（指思議具）。仁岳此立論，一方面抨擊了山家的「具」；另方面亦批判山家以「具」為獨有而貶他宗；更重要的，乃在於「具」只不過是隨緣所立之法，認為知禮不明此道理，以為實相理體須有三千。也因為如此，知禮的「具」成了仁岳所批判的對象。

知禮以「具」作為自宗之特色，在仁岳的批判下，「具」只是俗諦隨緣所立之法，他宗亦有之，並非天台所獨有，如此一來，豈不喪失了天台自宗之特色？而知禮以「具」彰顯自宗豈不面對重大挑戰？從法性圓融具德來看，仁岳此之批判亦頗中肯，諸經論諸宗師亦有立此道理，其所具德非只局限佛法界，實包括真妄兩面，非如知禮所言他宗只言性具善，不言性具惡，所以無「具」義。此中的「具」義，是指含攝一切法而言。對華嚴宗來說，言法性具足一切法，此乃終教之教義，而華嚴圓教之教義，是任舉一即一切，並非局限在法性上，顯示法與法之間乃是重重無盡之關係。由此可知，宋天台宗對華嚴教義的了解，仍局限以理體心性來了解華嚴，甚至將華嚴貶為別教，以凸顯自宗是圓教。

唐宋天台學以理體心性來了解他宗，亦將天台智者思想

理解成理體心性，此乃時代思潮之大趨勢所致。縱使仁岳對知禮「具」的批判，也無法走出理體心性之窠臼，無法從空假中辯證張力來批判理體心性說及批判自宗。

結　語

從仁岳的親近知禮至背判知禮的轉變中，此之轉變，一方面代表著仁岳的思想由「具」轉向「理」的層面；另方面顯示著對「具」之思想的衝擊，知禮為了凸顯自宗不同於他宗及圓教不同於別教，著重於對「具」的強調，形成以「具」為本為核心之局面，以「具」取代理之情勢。一味的重視「具」，凸顯「具」，而忘了「理」的層面，忘了「具」乃是理所具之德，「具」是所立之法，是心性所具俗諦之法，而非實相須存三千，不可將所立之法視為無住之本，若將「具」定執為本，定執一念心具萬法，而非從所立法明具，此恐落入迦毗羅外道中。

這也是為什麼仁岳於後來會批判知禮，而強調空中之理，由此理來顯具，而非直接以具為理。

若從天台智者的即空即假即中來看，可得知知禮著重於「假」，以凸顯「具」為主；仁岳所著重的是「空中」，以強調「理」為主。但無論如何，其師徒所把握的皆偏重某面顯之，仍未就「即空即假即中」來切入，以此明空或立假或顯中。

仁岳對其師知禮一連串的批判中，在知禮的弟子們中，似乎都難以招架，所以在當時流行這樣一句話「只因難殺四

明師，誰向靈芝（仁岳）敢開口」⓫，此說明了仁岳於離開知禮後，其氣勢是非常盛旺的。而仁岳投禮慈雲遵式門下，慈雲門人跟隨他的則有大半，且慈雲並未加以阻止⓬。其所住道場共有五處，皆是當時之重鎮，緇素敬仰，朝野共欽敕封為「淨覺大師」⓭。諸如此類，皆顯示了仁岳在當時之影響力。

　　然為何在後代中，仁岳的學說並未受到天台宗的重視，只有繼忠之徒從義發揮之。若探索其原由，可能因為知禮山家之典範已建立，而仁岳所走的方向空中理體較沒有其著力點，無法凸顯自宗與他宗之不同。加以仁岳後來專研於《楞嚴經》及專修淨業，並未再致力於天台學上。另外一原因，是知禮、仁岳之後的天台學，在理論上並未有什麼開拓，且大多走向於禪淨之修持⓮。

⓫　大正49・241中。
　　另如《四明尊者教行錄》云：「霅川（仁岳）時住靈芝而詒之曰：只因難殺四明師，誰向靈芝敢開口。此語由來口播。」（大正46・916中下）針對仁岳的〈雪謗書〉，後來雖有知禮的法孫妙悟希最撰〈評謗書〉駁之（同前），但此正顯示了知禮諸弟子中無人能向仁岳挑戰。

⓬　《佛祖統紀》云：「學徒從往者半，雲（慈雲）弗之止」（大正49・241中），又如《釋門正統》云：「慈雲門人從者大半。」（卍續藏130・421左下）

⓭　參見《釋門正統》（卍續藏130・421左下）。

⓮　此可參見釋慧岳編著《天台教學史》（台北：中華佛教文獻編撰社印行，1995.11，增訂六版），頁293～295。

第七章　神智從義對「具」的反思

前　言

　　由於知禮過於強調性具思想，及其後之山家學人亦以此來論述天台思想。因此，導致其第四代法孫神智從義對知禮展開激烈地抨擊。

　　神智從義(1042～1091)乃知禮門下廣智尚賢之法系，為廣智尚賢之法孫，繼忠(1012～1082)之門徒。在法脈上與知禮有極密切之關係，而為何對知禮性具思想加以痛擊，此是值得思考之問題，及其又以什麼來反駁知禮，這又牽涉了從義對天台思想的了解。除此之外，從義亦對山外與諸宗派(如禪宗、華嚴、慈恩等)加以批評之。

　　由從義的諸論著中，可得知其主要立基於「空」「中」來反駁知禮的性具，認為「具」為所立法，是屬於「假」，而假即空中。認為知禮漠視了「空」「中」，而只談「具」，反同迦毗羅外道計因中有果。換言之，從義認為三千妙假乃是空中理體之事用，由達一念無一異相之空中理體，方能具足三千妙假，亦即三千妙假乃基於一念無相（空中理體寂滅）而開顯。因此，從義更重視空中理體寂滅之掌握，由此來開顯具三千妙假，亦以此來反駁知禮及其門人之空中自體具三千，

而非由空中無相論具三千。另方面又由「具」來凸顯天台宗與他宗之不同，認為他宗亦談理體寂滅但不談理具。

由從義對山家派「具」的反省中，可看出從義對天台學所把握之方向不同於山家派，而是從空中理體寂滅來開顯三千妙假之具義。所以，在從義的學說理論中，非常強調空中理體無相寂滅，由此而談理具三千，若達一念無相則心具三千，色法亦是如此。

一、理論基礎之所在

從義不僅戒行清淨，且力行於天台一心三觀及潛心於著述，如《佛祖統紀》云：

> 端介清白，不妄遊從。寤寐三觀，耽味著述。過午不食，非法不言，非右脅不臥，非濾水不飲，行步有常，坐立如植。未嘗求公卿之知，可謂賢也已矣❶。

由此可知，其於行住坐臥等威儀之嚴謹，醒睡間皆與三觀相

---

❶ 大正49・242下。

此乃引自提刑（為提點刑獄公事之簡稱，宋代所設的官名，掌所屬各州的刑獄、司法、監察等。參見《歷代官制、兵制、科舉制表釋》，頁280，江蘇古籍出版社，1991年11月第3次印刷）劉燾對從義行業之記載。除志磐《佛祖統紀》引用此文外，在宗鑑《釋門正統》亦引用之（卍續藏130・242左下），所引文字完全相同，其中有一、兩句脫漏，如《釋門正統》少了「非法不言」一句，而《佛祖統紀》缺「或欲以槐衣師名加之，悉辭不受」之語。

應，更難能可貴的，在於短短五十歲的生命中，有非常豐富的論著❷，這大概是其「耽味著述」之成果。

於如此豐碩的論著中，可窺知從義於天台教觀之深入。就以《三大部補注》而言，除了深入三大部之外，亦對湛然有關三大部之注疏（如《法華玄義釋籤》、《法華文句記》、《摩訶止觀輔行傳弘決》）了若如掌，在《止觀義例纂要》中，亦能旁徵博引智者與湛然諸論著之內容，在在顯示了從義治學之廣博深厚。如此一位博學之人物，其思想究竟如何？

從義的理論基礎，在於對「體」的掌握，此體乃是圓常法界之體，常自寂然，且具足諸法，如《天台四教儀集解》（以下簡稱《集解》）云：

> 原夫吾佛妙證圓常法界之體，體具諸法，不出十界，界界互融，故有三千。具即是假，假即空中。混而不雜，離亦不分，雖一一徧，亦無所在，故此之法，名為妙法❸。

又云：

---

❷ 依《釋門正統》之記載，其著述有：《三大部補注》十四卷、《金光明經玄義順正記》三卷、《金光明經文句新記》七卷、《止觀義例纂要》六卷、《四教儀集解》三卷、《觀經往生記》四卷、《金剛錍寓言記》四卷、《十不二門圓通記》三卷、《淨名經略記》十卷、《法華句科》六卷、《四教儀搜玄》三卷、《菩薩戒疏科》一卷等（卍續藏130‧242左下），大多屬於大部頭的著作，而留傳下來的只有前五種。另亦著《始終心要注》一卷（卍續藏100‧332右上～333右上）。

❸ 卍續藏102‧15右下。

> 諸法實相三千空中即已顯露，本成大覺亦乃斯彰，大事
> 因緣始得滿足，是我方便，諸佛亦然。所以智者靈山親
> 承，大蘇妙悟，故於《止觀》說己心中所行法門不出三
> 千空中而已，故生佛雖殊，妙法無別，剎那即是，何須
> 外求？苟順凡情，生內外見。應知本體常自寂然，聖人
> 洪範大旨若斯❹。

由上兩段引文，可知「體」所具備的特色：

㈠諸佛所妙證之圓常法界。

㈡具足諸法。

㈢常自寂然。

換言之，圓常法界之體雖具足諸法而常自寂然，所以言「具
即是假，假即空中」，以強調所具諸法本身是空是中，故言
「混而不雜，離亦不分，雖一一徧，亦無所在」，以此稱之
為妙法，顯諸佛所證之圓常法界。

若達諸法本寂，此即是體，而體具足諸法，此所具諸法
本身亦是空中，故從義往往以「三千空中」來表達諸法實相，
認為天台智者於《摩訶止觀》說己心中所行法門，實不出此
「三千空中」，所以一剎那心即是妙法，不假外求，如《集
解》云：

> 應知在因一念之心無一異相，達此無相，具一切心，三
> 千具足，是則名為妙心體具。所以體具方彰妙心；妙心
> 良由體具故也。何者？一念之心無一異相，無相則是空

---

❹ 同上，15左上。

中實體，實體任運，具足三千。故知體具方是妙心。體
若不具，何殊小乘偏空之理；具若不空，何異世間質礙
之物。是故應知，具即是假，假即空中❺。

在此顯示「一念之心無一異相，達此無相，具一切心，三千
具足」，即由無相顯「具」。然若無「具」，則無法顯示妙心
妙法❻，所以言「體具方彰妙心；妙心良由體具」；或言「體
具方是妙心」，以此體具作為與小乘偏空之理的區別。雖然
體具諸法，而此「具」乃是隨緣施設之假，故云「具即是假，
假即空中」，以此區分「具」與世間質礙之物的差別。

　　從前面的論述中，可知從義對「體」的掌握，主要由「具」
（假）與「空中」兩方面切入，由「具」顯示其與小乘空理
之不同；由「空中」，以顯示與世間外道法之區別，所以《集
解》云：

　　　是故應知，具即是假，假即空中。別教已還，尚不識具，
　　　況識空中。具是體德，空是體量，非德非量是名為性體。
　　　體即中道，量即是真，具即是俗。混而不雜，離亦不分，
　　　雖一一徧，亦無所在❼。

---

❺　同上，54左下。

❻　如《集解》云：「妙心既爾，妙色亦然，色心一體，咸具三千。豈
　　得偏計心具三千色不具耶？色即心故，既具三千；心即色故，豈不
　　具哉！由性具故，色心乃具。色心之具，約事而辨；性具體具就理
　　而論。」（同上，55右上）此由性具顯示心具，色亦具，亦即心妙，
　　色亦妙。

❼　同上，54左下。

此即以體量、體德、性體來代表空假中，如下圖所示：

```
體德————————具————————俗————————性具
體量————————空————————真————————性量
非德非量————體————————中————————性體
```

由圖可知，即以非德（假）非量（空）之中道為性體，所以云「別教已還，尚不識具，況識空中」及「體即中道」。從義即以此「具」顯示與他宗之不同❽，亦批評山家學者只談具而不談空中，不知具只是假，如《集解》云：

> 今家學者不知此由，專執性具，不許亡絕，是則失於性體性量。所以或聞空中泯絕三千，便謂同於小乘太虛空理。若聞本具，十界宛然，乃謂大乘究竟圓極，而不思惟若無性體性量泯絕，何能顯於德具三千。故諸文中性具理具，性、理無出空中，具法咸皆是假，空中體本亡泯，故能具足三千。譬如明鏡之空淨，故現大小之形，性、理既具，那謂斷無？具即是假，何謂空中？空中若存諸相，俗假如何說之❾？

由此段的批評中，顯示從義是就性具性量性體來說明三千，

---

❽ 如《集解》云：「他宗亦談法性之理猶如虛空，此同今家體性體量，但他不立體具三千，失於體德，圓理徒施。是故荊谿頻將具義以斥他宗未善談性。」（卍續藏102・55右上）

❾ 同上。

且由於性體性量之泯絕，才能顯於德具三千。而山家學者只許談性具專執性具，不許空中亡泯，認為此看法是有問題的。

因此，在從義的看法中，不談具則不足以顯本宗之特色；然若執具不明空中，所具三千無從顯。

就整體而言，從義是由空中之性體入手，由性體論具以顯天台宗之特色。其於諸多論著中，皆以此為其理論基礎。即由空中理體之泯絕顯德具三千，然所具三千即假，假即空中，以此駁斥山家學者只談「具」不許談空中亡泯；另方面亦由此顯天台與他宗之不同。因為性體既具，所以不同斷無；雖具，而具即假，所以亦非質礙，不同凡夫外道之有。以此空中理體顯具，具即假，假即空中，作為其立論之基礎。為了進一步說明此道理，以下引述從義諸論著來加以說明。

1. 《三大部補注》：

此斥弘華嚴師不善華嚴之法界也，以彼諸師不知眾生因理本具諸法，但說果上諸法相即而已。若不談具，何能相即？故知果上依正融通，並由眾生理本者矣！然則一家所談法門：一曰性體，此當正因；二曰性量，此當了因；三曰性具，此當緣因。具即是假，假即空中，只一法性有茲三義，雖有三義，會之彌分，派之恆合，雖一一徧，亦無所在。當知他宗談乎法性亦同今家性體性量，以彼皆云：法性真如與虛空等，但闕第三性具之義，是故今家諸文斥耳。學今家者或只談具或究空寂，此則於其圓宗三法偏計一隅。是故當知，性體、量、具三義俱陳，心性方顯；一義有隱，圓頓未彰。達斯義者，諍論

息矣❿！

此中先評華嚴師未知眾生因理體具諸法，而只就果上明相即；接著，以性體、性量、性具明法性有此三義；最後，駁斥自宗只談具或只談空寂之偏計。認為須性體、性量、性具三義俱陳方顯心性，若其中一義有隱，則圓頓不彰。

《三大部補注》約成於1076年前，是從義現存論著中，比《集解》還早定稿的作品❶。

2.《止觀義例纂要》：

---

❿ 卍續藏44・74右下～左上。

❶ 以從義現存論著之資料來看，最早著手撰寫的是《四教儀集解》，約於從義二十五歲時開始宣講《四教儀》，如《集解》序言：「余治平四年(1067)冬，於郡西之妙果而寄講焉。明年(1068)夏諸新學請事文墨消釋高麗諦觀師所錄天台四教(指《四教儀》)。」(卍續藏102・1右上)由此中的記載亦可得知，從義於隔年(熙寧元年，即1068)著手寫《集解》，不到二十天就已完成了三卷，如其接著云：「以霅川(仁岳)之科分節文之起盡，散集諸部法言解釋義之綱要，未逾二旬，乃成三卷，題目謂之《四教集解》。」(同前)此《集解》雖已寫成，但依從義後來的自述，認為還未加以琢磨就流通了，至熙寧九年(1076)則將之重修飾，如其云：「草創纔畢，尚未琢磨，便為學者傳寫，流布世人。……今熙寧九年，居大雲西院，講訓之餘，於是考嚴霅川之科，未為盡善矣！遂乃自出科文一貼(帖)，仍又檢校疇昔《集解》頗有疎略也，故重修飾，亦為三卷。」(同前)因此，可知《集解》從著手至重修，前後將近十年，在這期間，從義又完成了《三大部補注》，此可從《集解》多處引之得知，由此可判斷《三大部補注》完成於1076年之前。而從義其餘現存之論著，則約1084年左右所完成，如《纂要》著手於1080年，於1084年完成，《金光明經玄義順正記》及《新記》完成於1084年，《始終心要注》未明其年代。

四明但知性具之惡，普現色身，相相宛然。然不曉具惡之性、普現之本，空中理體亡泯寂滅。致使所談一念三千、即空假中、三身、四土、理事、體用皆是有相。請詳諸祖法言，方驗四明之失。……然須了知實相空中無差之理，其實本具諸法妙假三千世間差別之事。但別教中既無性德本具九界，自他皆斷，故今乃明圓頓之理，性具九界，不斷性惡，有性德行，自行不斷，乃是理具化他不斷，乃是普現，並名亦權，顯於亦實⓬。

又云：

此等師徒從無始來不知一念諸法寂然，故使於今不解妄念無一異相。達此無相空中之理，方能具足三千妙假，一多相即帝網重重⓭。

此中評四明知禮只知性具之惡，不曉具惡之性，由此而強調空中理體亡泯寂滅為普現之本、具惡之性，且認為由空中無差別之理方顯本具諸法妙假三千差別之事，故言：「達此無相空中之理，方能具足三千妙假，一多相即帝網重重」。

　　3.《始終心要注》：

別示解釋三諦相也，中者，不偏二邊也；諦者，審而無虛也；統者，總也；一切法者，二邊之法也。真者，無

⓬　卍續藏99‧334左上～下。

⓭　同上，359右下。

偽妄也；泯，亡泯也；一切法者，三千之法也。俗者，世俗也；立者，建立也；一切法者，百界之法也。當知此約三諦別明，若從通說，應云：一中一切中，無真無俗而不中，則三諦皆統理而絕待也；一真一切真，無中無俗而不真，則三諦俱亡泯而無相也；一俗一切俗，無中無真而不俗，則三諦並建立而宛然也❶。

此雖是對湛然《始終心要》之空、假、中所作的注解，然從義是由「別」和「通」兩方面來闡述空、假、中之道理，同時也顯示了《始終心要》所呈現出來的空、假、中之義涵，是著重「別」義來論述，而從義更將空、假、中三者之關係加以匯通，從「通」來表達之，故言「一中一切中，無真無俗而不中，則三諦皆統理而絕待也；一真一切真，無中無俗而不真，則三諦俱亡泯而無相也；一俗一切俗，無中無真而不俗，則三諦並建立而宛然也」。

二、理論基礎之論證

由前可知，從義的理論基礎在於空中理體寂滅無相，由此而論三千即假，假即空中。至於從義如何論證空中理體寂滅與三千即假？以下加以述之。

依從義之看法，圓頓之理，即是空中，而空中理體無相，無相而相，理必具事，如《纂要》云：

---

❶　卍續藏100・332右上～下。

圓頓之理，理謂空中。空中乃是實相寂滅；心具乃是諸
法宛然。是故空中理本無相，無相而相，理必具事，《文
句記》云：十界為事，實相為理。理謂空中，事即是假，
良由此也。故知他人若乃不許心具三千不思議假，是則
圓頓空中之理乃成徒施，卻同偏空不具諸法，猶如頗黎
不能兩實也。若許心具三千妙假，方顯圓頓空中之理具
於妙假不思議事，猶如明鏡萬像炳然也。鏡像喻假也；
鏡明喻空也；鏡體喻中也。是則心具及以性具，但是妙
假耳，何得濫作空中說之，若謂不然，如上所引《輔
行》、《釋籤》、《文句記》等皆妙心具屬於妙假，豈可《金
錍》卻將心具屬於空中邪❶？

此中先明「空中乃是實相寂滅」與「心具乃是諸法宛然」，以
顯示空中理體無相及心具即假有相，因空中理體無相，所以
理必具事，由此理體無相論具。進而反駁「不許心具三千不
思議假」之說，從義認為若心具三千非不思議假，則「圓頓
空中之理乃成徒施」；反之，若心具三千是假，才能顯示圓頓
空中之理具妙假不思議事，換言之，因三千即假方顯理具，
否則空中理體乃成徒施。其次，舉鏡明空、假、中三者之關
係，鏡像喻假，鏡明喻空，鏡體喻中，由此證明心具、性具
即是妙假，而非空中。最後，引湛然的《輔行》、《釋籤》、《文
句記》來加以佐證，證明心具性具乃屬於妙假。

　　從義除了引湛然諸論著證明具即假之外，亦引章安、智
者、南嶽慧思等人之立論來佐證，如《纂要》云：

❶　卍續藏99．343左下。

又若不信荊谿（溪）之文者，何故章安《觀心論疏》云：
心空而常假，故有百界千如，……假而常空，雖百界千
如寂而無相，……空假常中，無空假相，……雖無二
相，不失雙照，……⓰。

於引文後所加的「……」，表示從義對《觀心論疏》所作的
說明，如「心空而常假，故有百界千如」，從義加以說明之，
認為「此與《輔行》云：雖亡而存假。立假號不亦同邪」⓱，
引文中其餘三句亦皆加以說明之，為清楚起見，表之如下：

1. 心空而常假，故有百界千如————亡而存假，立假
2. 假而常空，雖百界千如寂而無相——亡泯三千，立空
3. 空假常中，無空假相—————————心性不動，立中
    雖無二相，不失雙照——中道照空故一相叵得
    　　　　　　　　　　　　中道照假故三千宛然

接著，從義進而引智者之看法而證之，其云：

又若不信章安之文者，且智者云：若知地具桃李，即識
中實有權，解無差別即是差別⓲。

對此段話，從義加以解之，其云：

⓰　同上，343左下～344右上。
⓱　同上。
⓲　同上，344右上。

實，謂實相如是。權，謂諸法相、性、體、力等十。既
云：地具桃李，是實中有權；解無差即差，豈非三千是
性具妙假，實相即諸法邪（耶）？ 故《金剛錍》明三千
云：實相必諸法，諸法必十如，十如必十界，十界必身土。
……若謂性具三千不是即實之權者，何故云實相必諸法
等故有三千，而不云諸法即實相故有三千邪（耶）？且諸
法即實相，乃是相即無相，假即空中，亡泯寂滅，一法
尚不可得，三千之數寧存？故即性具三千定是即實之權，
空中具假，無差即差耳。不可濫作即權之實，假即空中，
差即無差而說之⑲。

此明性具三千定是「即實之權」， 空中具假。且認為不可將
此性具三千濫作為「即權之實」， 即視性具三千為實，只能
視之為即實之權，故空中具三千假。

　另亦對智者權中有實加以明之，其云：

　　若知桃李堅相，即識權中有實，解差別即是無差別⑳。

從義對此解釋云：

　　權中有實，差即無差，乃是諸法即實相，亡泯寂滅，假
　　即空中，一法叵得，何故輒云：三千皆實，相相宛然邪
　　（耶）？何得謂之假即空中，三千宛然邪（耶）？《文句》

---

⑲ 同上。
⑳ 同上。

> 云：諸法實相，標權實章也。諸法，權也；實相，實也，
> 所謂諸法如是相等，即是解釋權實章也。《金錍》云：
> 以諸法故，故有相等；以實相故，相等皆是實。相無相，
> 相等皆如。如者，空也；是者，中也。他人不許空中之
> 理具諸法，事為性具三千，豈非對面違戾祖宗❶？

前明「實中有權」，此明「權中有實」，顯示理具諸法、事為
性具三千。

又引慧思《大乘止觀法門》、馬鳴《大乘起信論》及龍
樹《大智度論》以明空中理體無相，如《纂要》云：

> 又若不信智者之文者，且南嶽《止觀》及馬鳴《起信論》
> 皆立二種如來藏：一者空如來藏，亦云如實空也；二者
> 不空如來藏，亦云如實不空也。空如來藏則諸相咸亡無
> 有差別；不空如來藏則具諸色像世出世間河沙功德。若
> 謂性具百界千如三下（千）世間便是空中者，何故空如
> 來藏則諸相咸亡無有差別？不空如來藏方具色像河沙功
> 德邪（耶）？以此驗知空如來藏是遮，故法爾空中；不
> 空如來藏是照，故三千恆具耳。事理、權實、體用、真
> 俗等例之可知❷。

又云：

---

❶　同上。
❷　同上，344右上下。

> 又若不信南嶽、馬鳴之文者，且龍樹《大論》云：世諦
> 有相，第一義諦無相，可不信乎❷？

由上述一步一步的引證中，無非證明空中無相，如空如來藏
與不空如來藏、第一義諦與世諦之對比，皆顯示空如來藏、
第一義諦皆是無相。最後，則引《法華經》為證，如其云：

> 又若不信龍樹之文者，且《法華經》云：深達罪福相徧
> 照於十方。……微妙淨法身，……具三十二相，……
> 以八十種好，……用莊嚴法身。既以具相名為應身生
> 身，豈非具相乃是妙假不思議俗諦乎？若不爾者，三身
> 三觀如何類通邪（耶）？若不約於二身三身如何消於《妙
> 玄》、《文句》邪（耶）？嗟乎！世人不讀《妙玄》、《文
> 句》，若聞具相三十二是生身應身，便乃驚怖而不信受，
> 豈非正法難解，訛說易傳。且《摩訶止觀》引《法華》
> 云：微妙淨法身具相三十二，乃釋之曰：若證中道，中
> 道即具此相❷。

此文證明具相（如微妙淨法身具三十二相）乃是妙假不思議
俗諦，且從義再引《摩訶止觀》對「微妙淨法身具相三十二」
加以解釋，以明證中道具三十二相。

　　以上乃是從義透過天台諸師論著及諸經論來證明空中理
體無相，以反駁空中有相之立說。另亦牽涉到雙方各引經論

---

❷　同上，344右下。

❷　同上，344右下～344左上。

以作為佐證，對此從義亦一一駁之，認為天台論著中談及第一義諦有名有相，乃是就第一義諦無名無相具足諸名諸相而言❷。

　　依從義的看法，若就所存三諦而言，空中定無相，俗假定有相；若從三諦相即而言，三諦俱相俱無相；若從理而言，則是非相非無相；若就事理相對言，無相即相，相即無相❷。

❷　如《纂要》云：「若引《金光明玄義》云第一義諦有名有實義者，何故不引《妙玄》、《釋籤》云第一義中名實俱無，世諦乃有名實邪（耶）？又何不引《止觀》云第一義中一法尚不可得，何況三千邪（耶）？世諦中尚有無量法，何但三千邪（耶）？又某是《止觀》、《玄》、《籤》諦（為）斷無之理、頑空之性乎？哀哉！世人但見其一不知其二。須知：《玄》、《籤》、《止觀》所談第一義諦無名無相，一法叵得，乃是空如來藏義，亦是中道之雙遮也；《光明玄義》所談第一義諦有名有實義，乃是不空如來藏義，亦是中道之雙照也。……《文句記》云：性本無名，即《玄》、《籤》云：真諦無名也；具足諸名，即《光明玄義》云：第一義諦有名也。故無說而說，說即成教，無名相中假名相說，不其然哉，宜熟思之。」（同上，344右下）此以中道之雙遮顯空如來藏、第一義諦無名無相，另以中道之雙顯顯不空如來藏、第一義諦有名有實，即真諦無名具足諸名，但基礎仍在於第一義諦無名上而論具足諸名。

❷　如《纂要》云：「是故須知：若存三諦，空中定無相，俗諦定有相；若其相即，俱相俱無相；若但從理，非相非無相；事理相對，無相即相，即相無相。情通妙契，諍論咸失。」（卍續藏99・345右下）此透過諸角度來探討三諦有相無相之問題，從三諦的差別相而論，顯示了空中無相、假諦有相之差別；若從相即而論，則三諦之每一諦各俱相俱無相。諸如此類，可看出三諦彼此之關係。若能掌握此道理，則諸諍論咸失。從義亦進而批評空中自有三千之說，如其云：「人不見之，乃云：若約分別，空中乃是亡泯寂滅，俗假則是森羅宛然；若約圓融空中，不妨自有三千。今問：等是圓融何不無相而但有相圓融？空中若是有相圓融，俗假如何說之？某是圓融三諦皆

三、評知禮的「具」

從義的學說理論立空中理體寂滅無相而具三千即假，可說此立論主要在於駁斥四明知禮空中有相之看法。因此，在其諸論著中對知禮及山家學派展開極強烈之批判。

㈠定執心具之批判

從義認為若定執心具，則同迦毗羅外道因中計有果，如《纂要》云：

> 故知始自觀陰入界成於妙境，乃至觀於二乘菩薩以成妙境，一念具於百界三千皆同於取著。一念能具三千，並是約於非一而論一念；非異而論三千耳。……近來學者都迷此旨，將何以明一念三千乃是終窮究竟極說？章安云：若定謂一念具含萬法是如來藏，即同迦毗羅外道因中先有果計；若定謂心無萬法，修之方有，即同優樓僧佉外道因中無果之計；若定謂亦具亦不具，即同勒娑婆外道因中亦有果亦無果之計。……所以若聞心具萬法是如來藏，即謂如囊盛沙；若聞心無萬法，即謂猶如兔角，斯並永執邪見之人，何可論道㉗？

是有相乎?! 嗚呼！此義非圓非別兩楹中間，既無所名，乃是率爾虛妄之說耳。」（同前）

㉗　卍續藏99・359右上下。

又云：

> 近代所傳止觀之道，率爾發頭便謂：一念具足三千。豈
> 不同彼迦毗羅哉？若不爾者，何故聞於一念三千泯絕叵
> 得，輒便難云：打疊向於何方而去。嗚呼哀哉！此等師
> 徒從無始來不知一念諸法寂然，故使於今不解妄念無一
> 異相，達此無相空中之理，方能具足三千妙假，一多相
> 即帝網重重。且執權迷實，則權實俱亡，況執邪迷正，
> 其道何在？尚非小乘入道之門，豈能通於大乘妙性邪
> （耶）❷❽？

在此兩段引文中，從義極嚴屬地批判心具三千之說，先例舉
因中有果、因中無果、因中亦有果亦無果之說，皆屬外道之
見，因此，若取著一念具三千乃同迦毗羅外道因中先有果計，
若有此計著，尚未入小乘門檻，更何況能通於大乘妙性？所
以，從義認為一念能具三千，乃是約於非一非異而論一念三
千，即就非一論一念，就非異論三千，若不解此一念無一異
相，達此無相空中之理，如何能具足三千妙假一多相即？換
言之，一念具三千乃基於一念諸法寂然無相而來，否則同於
外道之見。因而批判知禮及其門人只談一念具足三千而忽略
了一念三千泯絕叵得之道理，甚至批判「此等師徒從無始來
不知一念諸法寂然」，若不解此無相道理，如何能具足三千妙
假？而執心具三千，無異執邪迷正。故引天台智者所說「執
權迷實，則權實俱亡」來對比「執邪迷正，其道何在」。且認

---

❷❽　同上，359右下～左上。

為「執邪迷正」，「尚非小乘入道之門，豈能通於大乘妙性耶」？

　　從此段的批判中，反映出宋山家學者自知禮以來，由於強調「具」，且只就事就妄顯具，加以為了和山外之對抗，而忽略了「理」的層面，致使從義對此加以痛擊。果真要論「具」，則須由一念無一異相來開顯之，若不把握此，如同外道迦毘羅，是種取著，如《集解》云：

> 故荊谿（溪）云：能了妄念無一異相，達此無相，具一切心，三千具足，非唯此中，諸境皆爾。是則名為照此著心緣生虛假，假中三千自體性空，即是心性圓妙三諦。若夫不達一念陰心無一異者，斯為取著，云何能具三千性相，故取著心不具三千❷❾。

此中引用荊溪之話，再度強調一念無一異相之道理，若不了達此一念無相之道理，則是一種取著；若是取著，如何能具三千？故應於諸境了達一切法無相，如此方能具足三千，否則皆是取著。

㈡評三諦具三千

　　從義進而從理具三千即假，批判知禮並未掌握此義而主張三諦各具三千之說，如《纂要》云：

> 問：《輔行》云：三千即空性了因也；三千即假性緣因也；三千即中性正因也。四明據此乃謂三諦皆有三

---

❷❾　卍續藏102・68右下。

　　　　千，今何故云理具三千但是妙假？

　答：只為四明不曉一家所談理具三千妙假，致使訛說三
　　　　諦三觀皆有三千，以致諸文所談三身四土等義悉皆
　　　　謬作有相而說，不許空中亡泯寂滅。如解實相云，
　　　　三千皆實，相相宛然及理體有差別等，其徒乃遞相
　　　　推尊自立為祖，繼祖為宗，反經非聖，昧者不覺，
　　　　悲哉悲哉！余為此懼閑先聖之道，乃力排斯謬，使
　　　　邪說不行，正塗昭顯，具如《金錍寓言記》及《不
　　　　二門圓通記》中委辯。今既臨文，不能默已，更略
　　　　言之❸。

　　在此引文的問答中，可以清楚地看出從義何以要批判知禮，
由於知禮不曉理具三千乃是妙假，因而認為三諦三觀皆有三
千，甚至認為三身四土等皆作有相，而反對空中亡泯寂滅之
說。因此，從義於此對知禮及其門徒此立論加以批判之，認
為此乃謬論邪說。由引文中，可知此中的批判只是略述而已，
而在其著的《金剛錍寓言記》與《十不二門圓通記》對此有
詳細之分辨，可惜此二論著並未留傳下來。

　　對於因三諦相即而混淆三諦之差別，而立三諦皆有相，
《纂要》有多處評之，如其云：

　問：舉一即三非前非後，何故空中一向寂滅亡泯無相而
　　　　不存立三千世間？

　答：言舉一者，趣舉其一也，或舉真諦空觀之一，而真

---
❸　卍續藏99・342左下～343右上。

空亡泯，三千叵得；便點真空雖亡，而存百界宛然，
即是俗假；又點真空之亡泯、俗假之立法二俱不可
得，即是中道第一義諦非有非無。舉其真空之一即
三，既爾，舉其俗假及以中道即三，亦然❸。

明瞭此一即三之道理後，從義接著加以評之，其云：

世人迷名而不思義，但聞舉一即三之言，便謂空中之體
自有三千世間，不許空中之體本自寂滅而恆具於俗假百
界，如他人云：三千不離實相，實相不離三千，遂立三
諦皆有三千。故解實相云，三千皆實，相相宛然。嗚呼
哀哉！謬之甚矣！且三諦相即，理事融通，凡習天台教
者，誰曰不然邪（耶）。雖三諦相即，而中、邊不混；
雖真俗不離，而理事彌分。故二邊之有無、中道之絕待、
理體之無相、事用之森羅，皆祖宗之格言，豈今之好異
邪（耶）？教文談於空中寂滅，何得翻作森羅說之空中，
若乃十界宛然，未審俗假如何說邪（耶）❸。

此中顯示了從義與山家派之不同，在於雖然皆論一即三，而
從義是從「空中之體本自寂滅而恆具於俗假百界」立論，但
山家外則從空中之體自有三千世間明之，且不許空中體本寂
滅，因此，主張空中有相，從義的立論則反駁此看法批判此
說。換言之，從義則從空中寂滅論圓融三諦，山家派即從空

❸　同上，345右上。
❸　同上，345右上下。

中有相明之❸。

有關三諦相即之道，舉一雖即三，但不能因此混淆了三諦之差別相。從義認為三諦之所以相即、舉一之所以即三，以真諦而言，諸法真空亡泯；雖泯而百界宛然，此為空即假之道理；然真空之亡泯和俗假之立法二俱皆不可得，此為即中道第一義諦。所以舉空，即假即中；同樣地道理，舉假或舉中，亦復如此，以此明舉一即三，顯三諦相即之道理，而非如山家派以三諦各「具」而明即義。

㈢評理壽性惡之混淆

由空中理體寂滅，進而批判知禮只知性具之惡不知具惡之性，如《纂要》云：

> 四明但知性具之惡普現色身相相宛然，不曉具惡之性普現之本空中理體亡泯寂滅，致使所談一念三千即空假中、三身、四土、理事、體用皆是有相。請詳諸祖法言，方驗四明之失❹。

此就具惡之性空中理體寂滅批判四明之空中乃至體用等皆有相說。知禮為凸顯自宗之特色，而特別強調「具」以作為和他宗之不同，然在「具」模式的運作下，視空假中、三身、四土、理事、體用等皆是有相，此成為從義所批判的對象。

---

❸ 有關此之批判，另可由除病不除法論之（卍續藏99・345左下～346右上）。

❹ 卍續藏99・334左上。

從義為了矯正此說，反過來重視具惡之性，強調空中理體亡
泯寂滅，而視「具」為假所立一切法，假即空中，但仍以「具」
作為天台宗與他宗之不同。

因此，可以說視「具」為天台自宗之特色，乃是唐宋天
台宗所共同的看法，雖然從義對知禮的「具」展開嚴厲地批
判，但用意在於矯正「具」的偏向。

同樣皆以「具」作為自宗之特色，知禮以此來解釋理毒
性惡，但從義基本上是反駁此說法的，如《纂要》云：

> 所以性德與夫理具及以性惡同出而異名耳，具如《金錍》
> 體德中說。然須了知實相空中無差之理，其實本具諸法
> 妙假三千世間之事。但別教中既無性德本具九界，自他
> 皆斷故；今乃明圓頓之理，性具九界，不斷性惡有性德
> 行，自行不斷乃是理具化他不斷，乃是普現，並名亦權
> 顯於亦實。若不爾者，則徒開浪會虛說漫行空列一乘之
> 名，終無一乘之旨❸❺。

又云：

> 自昔人師既不曉此，乃以三觀十乘消性德之行，為能治
> 之藥；三障四魔消性惡之名，為所治之病。由是乃說破
> 同體之惑，亦是斷於性惡之義。斯乃過德雷同，望聲謬
> 說耳，何由能解方便藥草無差即差亦權之意乎？《文句》
> 及《記》明同體惑終須永破，究竟清淨，如燈生暗滅，

❸❺　同上，334左上～下。

> 雖無前後，暗定是障，既定是障，亦須定斷，豈得濫同
> 不斷性惡妙假亦權乎，故不可以理惑而混於性惡矣❸。

此強調性惡乃是妙假不同於理惑（理毒），一為具德，一為過患，不可將之混同。而知禮將理惑視為性惡，所以主張「理毒即性惡」❸，強調理惑理毒乃是指即理性之毒，既是即理性之毒，所以是性惡，認為性惡才能有即理性之毒。從義在《纂要》中，雖然非直就知禮來批評，然而此理毒性惡之主張，卻根源於知禮，而此立論影響了後代山家派，因而認為理惑不可破，破理惑即是斷性惡。對此，從義加以駁斥之，認為此乃將理惑混同於性惡，故從義特別強調性惡與理惑之不同，性惡乃是指妙假之具德而言，此不可斷；而理惑乃是過患，終須永破。所以，在上述第一段引文中，從義先說明性德、理具、性惡乃是「同出而異名」，是以此諸異名來顯示空中理體具三千妙假，此乃圓頓之理，性具九界，不斷性惡有性德行，而不同於別教無性具九界，以性具性惡之有無區分圓別二教之不同。接著，於第二段引文中，從義進而抨擊將性德惡混同於理惑的說法，特別強調此二者之差別，一為具德，一為過患；再者，一不須斷，一終須斷。

由從義對理惑與性惡的分判中，實際上在於批判知禮的理毒即性惡之主張，且知禮此主張的確被認為理惑不須斷之情形，故至從義時，針對此問題提出來釐清，強調理惑與性惡之不同，不可將此二者相混淆。

---

❸ 同上，334左下。
❸ 參見本書第五章第二節〈理毒即性惡〉。

結　語

　　從前述的論述中，吾人仍然可以看出從義雖然對知禮的「具」展開批判，然其本身的思想仍然立基於空中理體寂滅具三千世間法而來，換言之，仍不離理具之模式，以空中理體寂滅具足三千法為其立論基礎，以此批判知禮或評論他宗。

　　吾人若進而思之，從義雖然加強空中理體的層面，以此來把握所具三千妙假，試圖走回智者、湛然的路線，但在理體的運作下，亦將智者思想視為空中理體具足三千，所以，從義儘管對空中之強調，而此空中仍不離理具模式。

　　另其對知禮的批判，也不能全然視知禮如他所批判的，知禮雖重視「具」，但並不等於知禮不知空中理體，只是在凸顯自宗「具」的情況下，較少著墨於空中來論述，另方面也為了避免和山外、他宗之混同，所以，致使知禮不得不如此。

　　從義雖然著重於空中理體，由此空中理體顯示理具三千，以凸顯天台自宗之特色，試圖走回智者的思想，其對空中理體的運用，表面上類似智者的即空即假即中，但實際上從義是以空中為理體，而非從空假中的辯證張力來批判理體，故與智者之思想仍是有別的❸。

　　在從義對知禮「具」的批評中，的確也顯示了「具」對往後山家派之影響。在知禮時，其與山外諸師的論爭，可說

---

❸　有關智者的思想，詳參考拙著《天台緣起中道實相論》，東初出版，民國84年6月二刷。

根源於對「具」的看法不同所致，知禮以「具」為著力點來對抗山外及批評他宗非圓教，且將「具」發展成理毒即性惡、法身寂光有相說。知禮此立論，也遭到其高徒仁岳的非難批判。因此，吾人可看出，在知禮本身的論爭及其第二代仁岳，乃至其第四代從義對「具」之批評，皆可說繞圍著「具」而來，而「具」的問題又因湛然「理具」而引發。反過來說，因「理具」而造成山家山外對「具」把握之不同；因「理具」使得知禮與愛徒仁岳反目；亦因「理具」，激發從義對知禮「具」的批判。諸如此類，皆顯示了唐宋天台學轉向理具，而引發自宗在天台思想把握之紛歧。

最後，有關從義對他宗之批評，由於怕拉開主題，故未置於本文來論述。

參考書目：

1. 湛然　《止觀輔行傳弘決》　　　　　大正46
2. 湛然　《止觀義例》　　　　　　　　大正46
3. 湛然　《止觀大義》　　　　　　　　大正46
4. 湛然　《金剛錍》　　　　　　　　　大正46
5. 湛然　〈十不二門〉　　　　　　　　大正46
6. 湛然　《始終心要》　　　　　　　　大正46
7. 湛然　《法華玄義釋籤》　　　　　　大正33
8. 湛然　《法華文句記》　　　　　　　大正34
9. 源清　《十不二門示珠指》　　　　　卍續100
10. 宗翌　《註法華本跡十不二門》　　　卍續100
11. 處謙　《十不二門顯妙》　　　　　　卍續100
12. 了然　《十不二門樞要》　　　　　　卍續100
13. 可度　《十不二門指要鈔詳解》　　　卍續100
14. 智圓　《金剛錍顯性錄》　　　　　　卍續100
15. 智圓　《請觀音經疏闡義鈔》　　　　大正39
16. 智圓　《涅槃玄義發源機要》　　　　大正37
17. 智圓　《維摩經略疏垂裕記》　　　　大正38
18. 智圓　《涅槃經疏三德指歸》　　　　卍續58
19. 智圓　《閑居編》　　　　　　　　　卍續101
20. 知禮　《十不二門指要鈔》　　　　　大正46
21. 知禮　《十義書》　　　　　　　　　大正46
22. 知禮　《觀心二百問》　　　　　　　大正46
23. 知禮　《觀無量壽佛經疏妙宗鈔》　　大正37
24. 知禮　〈觀無量壽佛經融心解〉　　　大正46

50. 宗鑑　《釋門正統》　　　　　　卍續130

51. 宗曉　《四明尊者教行錄》　　　大正46

52. 釋慧岳　天台教學史　中華佛教文獻編撰社　1995年
11月增訂六版

53. 釋慧岳　知禮　東大　民國84年10月初版

54. 賴永海　湛然　東大　民國82年3月

55. 王志遠　宋初天台佛學窺豹　北京今日中國　1990年

56. 牟宗三　佛性與般若（下冊）　學生　民國71年三版

57. 陳英善　天台緣起中道實相論　法鼓　1997年5月三刷

58. 安藤俊雄　天台學——根本思想とその展開　平樂寺
1982年8月第六刷

59. 玉城康四郎　心把捉の展開　山喜房　平成元年2月
第三刷

60. 石津照璽　天台實相論の研究　弘文堂　昭和22年5月

61. 安藤俊雄　天台性具思想論　法藏館　昭和28年

62. 日比宣正　唐代天台學序說　山喜房　昭和41年10月
一刷

63. 日比宣正　唐代天台學研究　山喜房　昭和50年7月
一刷

64. 島地大等　十不二門論講義　光融館　昭和10年4月
第四版

現代佛學叢書（一）

現代佛學叢書（二）

書名	作者	出版狀況
唐代詩歌與禪學	蕭麗華	排印中
禪淨合一流略	顧偉康	排印中
禪與美國文學	陳元音	排印中
傳統公案的現代解析	李元松	撰稿中
提婆達多	藍吉富	撰稿中
梁武帝	顏尚文	撰稿中
禪定與止觀	釋慧開	撰稿中
淨土概論	釋慧嚴	撰稿中
臺灣佛教藝術賞析	陳清香	撰稿中
中國佛教藝術賞析	李玉珉	撰稿中
維摩詰經與中國佛教	賴永海	撰稿中
禪宗公案解析	陳榮波	撰稿中
佛教與環保	林朝成	撰稿中
當代臺灣僧侶自傳研究	丁　敏	撰稿中
臺灣佛教發展史	姚麗香	撰稿中
榮格與佛教	劉耀中	撰稿中
菩提達摩考	屈大成	撰稿中

現代佛學叢書（三）

書名	作者	出版狀況
虛雲法師	陳慧劍	撰稿中
歐陽竟無	溫金柯	撰稿中
佛使尊者	鄭振煌	撰稿中
佛教美學	蕭振邦	撰稿中
佛學概論	林朝成	撰稿中